Para:

____

Que el Señor de paz les conceda su paz
siempre y en todas las circunstancias.

2 Tesalonicenses 3:16

De:

____

La Misión de Editorial Vida es proporcionar los recursos necesarios para alcanzar a las personas para Jesucristo y ayudarlas a crecer en su fe.

Más... Palabras de Vida para la Mujer

Miami, Florida 33166

Publicado en inglés bajo el título:
More of... God's Words of Life for Women

Todas las citas bíblicas se tomaron de *La Santa Biblia: Nueva Versión Internacional.* © 1999 por la Sociedad Bíblica Internacional. Publicada por Editorial Vida, una división de Zondervan/HarperCollins.

Diseño: Chris Gannon
Traducción y compaginación: Words for the World

Printed in China
Impreso en China

13 / TSC / 20 19 18 17 16 15 14 13 12 11

MÁS... Palabras de VIDA para la Mujer

DE LA
Nueva Versión Internacional

DEDICADOS A LA EXCELENCIA

Palabras de Vida Sobre

Palabras de Vida Sobre

La aceptación

Traten a los demás tal y como quieren que ellos los traten a ustedes.

Lucas 6:31

Jesús dijo: «Quien los recibe a ustedes, me recibe a mí; y quien me recibe a mí, recibe al que me envió.»

Mateo 10:40

Jesús dijo: «Les he puesto el ejemplo, para que hagan lo mismo que yo he hecho con ustedes.»

Juan 13:15

¡Cuán bueno y cuán agradable es que los hermanos convivan en armonía!

Salmo 133:1

Jesús dijo: «Ustedes han oído que se dijo: "Ama a tu prójimo y odia a tu enemigo." Pero yo les digo: Amen a sus enemigos y oren por quienes los persiguen.»

Mateo 5:43-44

Amarlo [a Dios] con todo el corazón, con todo el entendimiento y con todas las fuerzas, y amar al prójimo como a uno mismo, es más importante que todos los holocaustos y sacrificios.

Marcos 12:33

Palabras de Vida Sobre

La aceptación

Jesús dijo: «Les aseguro que cualquiera que les dé un vaso de agua en mi nombre por ser ustedes de Cristo no perderá su recompensa.»

Marcos 9:41

Jesús dijo: «Y éste es mi mandamiento: que se amen los unos a los otros, como yo los he amado. Nadie tiene amor más grande que el dar la vida por sus amigos.»

Juan 15:12-13

Ámense los unos a los otros con amor fraternal, respetándose y honrándose mutuamente.

Romanos 12:10

Que el Señor los haga crecer para que se amen más y más unos a otros, y a todos, tal como nosotros los amamos a ustedes.

1 Tesalonicenses 3:12

Preocupémonos los unos por los otros, a fin de estimularnos al amor y a las buenas obras.

Hebreos 10:24

Hacen muy bien si de veras cumplen la ley suprema de la Escritura: «Ama a tu prójimo como a ti mismo».

Santiago 2:8

Palabras de Vida Sobre

La aceptación

Sobre todo, ámense los unos a los otros profundamente, porque el amor cubre multitud de pecados.

1 Pedro 4:8

Pero el que odia a su hermano está en la oscuridad y en ella vive, y no sabe a dónde va porque la oscuridad no lo deja ver.

1 Juan 2:11

Pero Dios me ha hecho ver que a nadie debo llamar impuro o inmundo.

Hechos 10:28

Queridos hermanos, amémonos los unos a los otros, porque el amor viene de Dios, y todo el que ama ha nacido de él y lo conoce.

1 Juan 4:7

Pasemos por alto las diferencias

Hubiera lluvia, hielo o nieve, Bill siempre andaba descalzo. Se convirtió cuando estudiaba en la universidad. En esa época, una iglesia de elegante vestir, de clase media que estaba enfrente del recinto universitario pretendía desarrollar un ministerio mayor entre los estudiantes.

Un día, Bill decidió participar del culto en ese lugar. Entró a la iglesia vistiendo pantalón vaquero, camiseta y por supuesto descalzo. La gente parecía estar incómoda, pero nadie dijo nada. Así que Bill avanzó por el pasillo central buscando un asiento. La iglesia estaba bastante llena ese domingo, de modo que cuando llegó al primer banco y vio que no había lugares libres, se puso en cuclillas en la alfombra.

De repente, un anciano se acercó por el pasillo hasta el muchacho. La iglesia quedó sumida en un silencio absoluto; todos fijaron la vista en él. Cuando el hombre llegó hasta Bill, se agachó con cierta dificultad y se sentó a su lado en la alfombra. Ese domingo él y Bill adoraron juntos en el piso.

La gracia siempre es así. Entrega sin que el receptor se dé cuenta de cuán grande es el regalo. Así como amó este hombre a su hermano, debemos amar nosotros.

Rebecca Manley Pippert

Palabras de Vida Sobre
La vejez

«Aun en la vejez, cuando ya peinen canas, yo seré el mismo, yo los sostendré. Yo los hice, y cuidaré de ustedes; los sostendré y los libraré», dice el Señor.

Isaías 46:4

Que el Señor te bendiga desde Sión, y veas la prosperidad de Jerusalén todos los días de tu vida. Que vivas para ver a los hijos de tus hijos.

Salmo 128:5-6

Entre los ancianos se halla la sabiduría; en los muchos años, el entendimiento.

Job 12:12

Llegarás a tener muchos hijos, y descendientes como la hierba del campo. Llegarás al sepulcro anciano pero vigoroso, como las gavillas que se recogen a tiempo.

Job 5:25-26

La corona del anciano son sus nietos; el orgullo de los hijos son sus padres.

Proverbios 17:6

Honra a tu padre y a tu madre, para que disfrutes de una larga vida en la tierra que te da el Señor tu Dios.

Éxodo 20:12

Palabras de Vida Sobre
La vejez

Aun cuando sea yo anciano y peine canas, no me abandones, oh Dios, hasta que anuncie tu poder a la generación venidera, y dé a conocer tus proezas a los que aún no han nacido.

Salmo 71:18

Enséñanos a contar bien nuestros días, para que nuestro corazón adquiera sabiduría.

Salmo 90:12

Las canas son una honrosa corona que se obtiene en el camino de la justicia.

Proverbios 16:31

Aun en su vejez, darán fruto; siempre estarán vigorosos y lozanos, para proclamar: «El Señor es justo; él es mi Roca, y en él no hay injusticia.»

Salmo 92:14-15

«Lo colmaré con muchos años de vida y le haré gozar de mi salvación», dice el Señor.

Salmo 91:16

Dios hizo todo hermoso en su momento, y puso en la mente humana el sentido del tiempo, aun cuando el hombre no alcanza a comprender la obra que Dios realiza de principio a fin.

Eclesiastés 3:11

La vejez

Te pidió vida, se la concediste: una vida larga y duradera.

Salmo 21:4

El temor del Señor prolonga la vida, pero los años del malvado se acortan.

Proverbios 10:27

«Guarda en tu corazón mis mandamientos. Porque prolongarán tu vida muchos años y te traerán prosperidad», dice el Señor.

Proverbios 3:1-2

La gloria de los jóvenes radica en su fuerza; la honra de los ancianos, en sus canas.

Proverbios 20:29

¡Que tengan salud y paz tú y tu familia, y todo lo que te pertenece!

1 Samuel 25:6

EL CAMINO DEL PEREGRINO

Seamos sinceros. La vejez acarrea sufrimiento. Lo tengo muy presente ahora que veo a mi madre, en otro tiempo tan vivaz, despierta y ágil, ahora tan silenciosa, confundida y lenta. Vemos el anticipo de lo que ha de venir, nosotros en su lugar, y meditamos sobre el significado de este intervalo en función de la gloria de Dios en una anciana.

Resultaría aterrador si no fuera por algo que debiera producir en los cristianos una actitud hacia el envejecimiento completamente diferente de los demás. Sabemos que hay un propósito (véase Efesios 1:9-10).

Mientras tanto, observamos lo que acontece: limitaciones en la audición, la vista, la motricidad, la digestión, la memoria; distorsiones del rostro, la figura y la perspectiva. Si eso fuera lo único que pudiéramos ver, seguramente querríamos un estiramiento facial o algo por el estilo.

Pero estamos en un camino de peregrinos. Es accidentado y empinado y sube sinuoso hasta el final. Podemos levantar la vista y observar lo invisible: una ciudad celestial, una luz, un rostro agradable e inefable. Lo contemplaremos. Seremos como él es. Y eso hace que sea diferente nuestra forma de envejecer

ELISABETH ELLIOT

Palabras de Vida Sobre

La belleza

Engañoso es el encanto y pasajera la belleza;
la mujer que teme al Señor es digna de alabanza.

Proverbios 31:30

¡Qué hermosos son, sobre los montes, los pies del que trae buenas nuevas; del que proclama la paz, del que anuncia buenas noticias, del que proclama la salvación, del que dice a Sión: «Tu Dios reina»!

Isaías 52:7

Que la belleza de ustedes no sea la externa, que consiste en adornos tales como peinados ostentosos, joyas de oro y vestidos lujosos. Que su belleza sea más bien la incorruptible, la que procede de lo íntimo del corazón y consiste en un espíritu suave y apacible. Ésta sí que tiene mucho valor delante de Dios. Así se adornaban en tiempos antiguos las santas mujeres que esperaban en Dios.

1 Pedro 3:3-5

¡Te alabo porque soy una creación admirable! ¡Tus obras son maravillosas, y esto lo sé muy bien!

Salmo 139:14

Dios hizo todo hermoso en su momento.

Eclesiastés 3:11

Palabras de Vida Sobre

La belleza

«Tan perfecta era tu belleza que tu fama se extendió por todas las naciones, pues yo te adorné con mi esplendor.» Lo afirma el SEÑOR omnipotente.

EZEQUIEL 16:14

Una sola cosa le pido al SEÑOR, y es lo único que persigo: habitar en la casa del SEÑOR todos los días de mi vida, para contemplar la hermosura del SEÑOR y recrearme en su templo.

SALMO 27:4

Mujer ejemplar, ¿dónde se hallará? ¡Es más valiosa que las piedras preciosas! . . . Se reviste de fuerza y dignidad, y afronta segura el porvenir. Cuando habla, lo hace con sabiduría; cuando instruye, lo hace con amor.

PROVERBIOS 31:10,25-26

«La gente se fija en las apariencias, pero yo me fijo en el corazón», dice el SEÑOR.

1 SAMUEL 16:7

¡Cuán bella eres, amada mía!
¡Cuán bella eres!
¡Tus ojos son dos palomas!

CANTAR DE LOS CANTARES 1:15

Palabras de Vida Sobre

La belleza

Cautivaste mi corazón,
hermana y novia mía,
con una mirada de tus ojos;
con una vuelta de tu collar
cautivaste mi corazón.

Cantar de los Cantares 4:9

En aquel día el Señor su Dios
salvará a su pueblo como a un rebaño,
y en la tierra del Señor
brillarán como las joyas de una corona.
¡Qué bueno y hermoso será todo ello!
El trigo dará nuevos bríos a los jóvenes,
y el mosto alegrará a las muchachas.

Zacarías 9:16–17

La persona por dentro

Anoche asistimos a la reunión de negocios de la iglesia, y empezó a llover. Tuvimos que caminar una gran distancia. Llevaba puesto mi mejor pantalón blanco. Sería comprensible que me quedaran algunas manchas de barro en la parte de abajo, pero cuando entramos a la sala bien iluminada descubrí que tenía una mancha grande en la zona del abdomen.

—Déjala que se seque —me dijo mi esposo—. Después podrás cepillarla.

Tuve que dar mi informe antes de que se secara. Sabía que todos verían el barro, así que traté de taparlo con unas hojas, y algunas se me cayeron. Cuando me agaché para levantarlas, me golpeé la cabeza con la del moderador que se inclinó para ayudarme.

—¿Está gruñona mi chica? —preguntó mi esposo mientras desayunábamos al día siguiente.

—¿Cómo puedes amar a una persona tan descuidada, tan excedida de peso, tan torpe? —dije con cólera—. Cuando empecé a llorar, me abrazó.

—Si estuviera completamente cubierto de vendas —dijo— y no me pudieras ver ¿seguirías amándome?

—Por supuesto —respondí—. Por dentro seguirías siendo tú.

—Supongo que eso responde a tu pregunta. —Me besó—. Amo a la persona que eres por dentro.

Mab Graff Hoover

Palabras de Vida Sobre

El cambio

El Padre que creó las lumbreras celestes . . . no cambia como los astros ni se mueve como las sombras.

Santiago 1:17

Yo, el Señor, no cambio.

Malaquías 3:6

Jesucristo es el mismo ayer y hoy y por los siglos.

Hebreos 13:8

Si alguno está en Cristo, es una nueva creación. ¡Lo viejo ha pasado, ha llegado ya lo nuevo!

2 Corintios 5:17

Éste es el pacto que después de aquel tiempo haré con la casa de Israel —dice el Señor—: Pondré mis leyes en su mente y las escribiré en su corazón. Yo seré su Dios, y ellos serán mi pueblo. Ya no tendrá nadie que enseñar a su prójimo, ni dirá nadie a su hermano: "¡Conoce al Señor!", porque todos, desde el más pequeño hasta el más grande, me conocerán. Yo les perdonaré sus iniquidades, y nunca más me acordaré de sus pecados.

Hebreos 8:10–12

En verdad, el que es la Gloria de Israel no miente ni cambia de parecer, pues no es hombre para que se arrepienta.

1 Samuel 15:29

Palabras de Vida Sobre

El cambio

Busquen las cosas de arriba, donde está Cristo sentado a la derecha de Dios. Concentren su atención en las cosas de arriba, no en las de la tierra, pues ustedes han muerto y su vida está escondida con Cristo en Dios.

Colosenses 3:1–3

Sin embargo, ustedes no viven según la naturaleza pecaminosa sino según el Espíritu, si es que el Espíritu de Dios vive en ustedes.

Romanos 8:9

Con respecto a la vida que antes llevaban, se les enseñó que debían quitarse el ropaje de la vieja naturaleza, la cual está corrompida por los deseos engañosos; ser renovados en la actitud de su mente; y ponerse el ropaje de la nueva naturaleza, creada a imagen de Dios, en verdadera justicia y santidad.

Efesios 4:22–24

¡Voy a hacer algo nuevo! Ya está sucediendo, ¿no se dan cuenta? Estoy abriendo un camino en el desierto, y ríos en lugares desolados.

Isaías 43:19

Sabemos que nuestra vieja naturaleza fue crucificada con él para que nuestro cuerpo pecaminoso perdiera su poder, de modo que ya no siguiéramos siendo esclavos del pecado; porque el que muere queda liberado del pecado.

Romanos 6:6–7

Palabras de Vida Sobre
El cambio

Presten atención, que estoy por crear un cielo nuevo y una tierra nueva. No volverán a mencionarse las cosas pasadas, ni se traerán a la memoria. Alégrense más bien, y regocíjense por siempre, por lo que estoy a punto de crear: Estoy por crear una Jerusalén feliz, un pueblo lleno de alegría.

Isaías 65:17–18

Pero ahora, al morir a lo que nos tenía subyugados, hemos quedado libres de la ley, a fin de servir a Dios con el nuevo poder que nos da el Espíritu, y no por medio del antiguo mandamiento escrito.

Romanos 7:6

Después vi un cielo nuevo y una tierra nueva, porque el primer cielo y la primera tierra habían dejado de existir, lo mismo que el mar. Vi además la ciudad santa, la nueva Jerusalén, que bajaba del cielo, procedente de Dios, preparada como una novia hermosamente vestida para su prometido. Oí una potente voz que provenía del trono y decía: «¡Aquí, entre los seres humanos, está la morada de Dios! Él acampará en medio de ellos, y ellos serán su pueblo; Dios mismo estará con ellos y será su Dios. Él les enjugará toda lágrima de los ojos. Ya no habrá muerte, ni llanto, ni lamento ni dolor, porque las primeras cosas han dejado de existir.» El que estaba sentado en el trono dijo: «¡Yo hago nuevas todas las cosas!» Y añadió: «Escribe, porque estas palabras son verdaderas y dignas de confianza.»

Apocalipsis 21:1–5

Confía en el Dios del cambio

Para la mayoría, la vida no es una caminata a ritmo constante a través del tiempo, contando con principio, desarrollo y fin, como ocurre en una obra bien estructurada. Está llena de cambios. Cambiamos de escuela, de profesión, de casa, de relaciones y de «imagen» casi con la misma indiferencia con que nuestros bisabuelos cambiaban de caballo.

No es que todos los cambios sean por decisión propia. Un matrimonio se disuelve. Cambian las características de amistades atesoradas o lo que decide otro contradice nuestra propia decisión llevándonos a un lugar en el que nunca deseábamos estar. Un cambio de profesión, voluntario o no, puede desbaratarnos la vida. Pérdidas financieras pueden barrer nuestros recursos. Incluso los cambios geográficos pueden desorientarnos.

Por lo tanto, para el creyente la pregunta es vital: ¿Es nuestro Dios el Señor del cambio? ¿Nos acompañará en el cambio, particularmente cuando dicho cambio ponga a prueba nuestra confianza? Resulta irónico que, si bien le confiamos nuestro destino eterno, puede resultarnos difícil confiar en él para el pago de la próxima mensualidad del automóvil, una nueva relación o un giro inesperado en nuestra vida.

En el torbellino caleidoscópico de nuestros esquemas de vida, puede proporcionarnos enorme seguridad recordar que Dios es inmutable: «Yo, el Señor, no cambio» (Malaquías 3:6).

Gini Andrews

Palabras de Vida Sobre

El contentamiento

He aprendido a estar satisfecho en cualquier situación en que me encuentre. Sé lo que es vivir en la pobreza, y lo que es vivir en la abundancia. He aprendido a vivir en todas y cada una de las circunstancias, tanto a quedar saciado como a pasar hambre, a tener de sobra como a sufrir escasez.

Filipenses 4:11–12

Es cierto que con la verdadera religión se obtienen grandes ganancias, pero sólo si uno está satisfecho con lo que tiene. Porque nada trajimos a este mundo, y nada podemos llevarnos. Así que, si tenemos ropa y comida, contentémonos con eso.

1 Timoteo 6:6–8

Manténganse libres del amor al dinero, y conténtense con lo que tienen, porque Dios ha dicho: «Nunca te dejaré; jamás te abandonaré.» Así que podemos decir con toda confianza: «El Señor es quien me ayuda; no temeré. ¿Qué me puede hacer un simple mortal?»

Hebreos 13:5–6

Bellos lugares me han tocado en suerte; ¡preciosa herencia me ha correspondido!

Salmo 16:6

Una mirada radiante alegra el corazón, y las buenas noticias renuevan las fuerzas.

Proverbios 15:30

El contentamiento

Guarda silencio ante el Señor, y espera en él con paciencia; no te irrites ante el éxito de otros, de los que maquinan planes malvados. Refrena tu enojo, abandona la ira; no te irrites, pues esto conduce al mal. Porque los impíos serán exterminados, pero los que esperan en el Señor heredarán la tierra.

Salmo 37:7–9

Más vale lo poco de un justo que lo mucho de innumerables malvados; porque el brazo de los impíos será quebrado, pero el Señor sostendrá a los justos.

Salmo 37:16–17

El corazón alegre se refleja en el rostro.

Proverbios 15:13

Más vale tener poco, con temor del Señor, que muchas riquezas con grandes angustias. Más vale comer verduras sazonadas con amor que un festín de carne sazonada con odio.

Proverbios 15:16–17

Más vale tener poco con justicia que ganar mucho con injusticia.

Proverbios 16:8

Más vale comer pan duro donde hay concordia que hacer banquete donde hay discordia.

Proverbios 17:1

Palabras de Vida Sobre

El contentamiento

Aleja de mí la falsedad y la mentira; no me des pobreza ni riquezas sino sólo el pan de cada día.

PROVERBIOS 30:8

Es un don de Dios que el hombre coma o beba, y disfrute de todos sus afanes.

ECLESIASTÉS 3:13

Más vale poco con tranquilidad que mucho con fatiga . . . ¡corriendo tras el viento!

ECLESIASTÉS 4:6

¡Anda, come tu pan con alegría! ¡Bebe tu vino con buen ánimo, que Dios ya se ha agradado de tus obras! Que sean siempre blancos tus vestidos, y que no falte nunca el perfume en tus cabellos.

ECLESIASTÉS 9:7–8

En cualquier caso, cada uno debe vivir conforme a la condición que el Señor le asignó y a la cual Dios lo ha llamado.

1 CORINTIOS 7:17

Una vida simple de contentamiento

Eclesiastés se describe como un libro de «ritmos y huellas». Pero también ofrece esperanza para salirse de la huella. En el capítulo 4:5 el poema alude al delicado equilibrio entre trabajo y descanso. Dice que al que le falta ambición y una ética de trabajo «acaba muriéndose de hambre». Por otro lado, el problema de obtener «mucho con fatiga» es por lo que se termina «corriendo tras el viento» (4:6). La persona motivada por la envidia nunca se saciará.

Se logra un buen equilibrio cuando se tiene «poco con tranquilidad» (4:6). Si vivimos con un espíritu de contentamiento y gratitud, disponemos de una mano libre para levantar en alabanza, para tender a un vecino necesitado o para ayudar a levantar a un amigo (4:10).

Menos es mejor cuando viene acompañado de «tranquilidad». En 1 Tesalonicenses 4:11–12 Pablo describe este estilo de vida: «Les animamos a amarse aun más, a procurar vivir en paz con todos, a ocuparse de sus propias responsabilidades y a trabajar con sus propias manos. Así les he mandado, para que por su modo de vivir se ganen el respeto de los que no son creyentes.»

«Querido Señor, ayúdame a llevar una vida simple. Que no resbale y caiga en la futilidad y el caos de la abundancia excesiva. Amén.»

Reverenda Dra. Delores Carpenter

El valor

Pero algo más me viene a la memoria, lo cual me llena de esperanza: El gran amor del Señor nunca se acaba, y su compasión jamás se agota. Cada mañana se renuevan sus bondades; ¡muy grande es su fidelidad!

Lamentaciones 3:21–23

¡Anímense, y manos a la obra! El Señor estará con los que actúen bien.

2 Crónicas 19:11

Y porque Dios estaba conmigo, cobré ánimo.

Esdras 7:28

Mi ardiente anhelo y esperanza es que en nada seré avergonzado, sino que con toda libertad, ya sea que yo viva o muera, ahora como siempre, Cristo será exaltado en mi cuerpo.

Filipenses 1:20

Cristo, en cambio, es fiel como Hijo al frente de la casa de Dios. Y esa casa somos nosotros, con tal que mantengamos nuestra confianza y la esperanza que nos enorgullece.

Hebreos 3:6

El Señor mismo marchará al frente de ti y estará contigo; nunca te dejará ni te abandonará. No temas ni te desanimes.

Deuteronomio 31:8

Palabras de Vida Sobre

El valor

Ya te lo he ordenado: ¡Sé fuerte y valiente! ¡No tengas miedo ni te desanimes! Porque el Señor tu Dios te acompañará dondequiera que vayas.

Josué 1:9

Pero tú, Señor, eres Dios clemente y compasivo, lento para la ira, y grande en amor y verdad.

Salmo 86:15

¡Sé fuerte y valiente, y pon manos a la obra! No tengas miedo ni te desanimes, porque Dios el Señor, mi Dios, estará contigo. No te dejará ni te abandonará.

1 Crónicas 28:20

Caí, pero he de levantarme; vivo en tinieblas, pero el Señor es mi luz.

Miqueas 7:8

De generación en generación se extiende su misericordia a los que le temen.

Lucas 1:50

Fiel es Dios, quien los ha llamado a tener comunión con su Hijo Jesucristo, nuestro Señor.

1 Corintios 1:9

Palabras de Vida Sobre

El valor

La angustia abate el corazón del hombre, pero una palabra amable lo alegra.

Proverbios 12:25

¡Les infundiría nuevos bríos con la boca; les daría consuelo con los labios!

Job 16:5

El Señor es mi luz y mi salvación; ¿a quién temeré? El Señor es el baluarte de mi vida; ¿quién podrá amedrentarme?

Salmo 27:1

Pon tu esperanza en el Señor; ten valor, cobra ánimo; ¡pon tu esperanza en el Señor!

Salmo 27:14

Así que no temas, porque yo estoy contigo; no te angusties, porque yo soy tu Dios. Te fortaleceré y te ayudaré; te sostendré con mi diestra victoriosa.

Isaías 41:10

Todo lo puedo en Cristo que me fortalece.

Filipenses 4:13

LA AUDACIA DE CONFIAR

Después de largo y aterrador cautiverio, Gary Lee, rehén de los iraníes llegó a casa. Fue un domingo del mes de febrero, de 1981, por la mañana, y me reuní con otros en la iglesia de su padre para darle la bienvenida. Había un ambiente de celebración mientras voces de júbilo cantaban: «Sublime Gracia». Desde mi asiento pude ver que el joven barbado sonreía y meneaba la cabeza como si estuviera asombrado ante el milagro de su regreso.

Sin embargo, unos meses antes vivió otro milagro. Poco después de su captura, se le permitió tener una Biblia y un día leyó Isaías 43:5: «No temas, porque yo estoy contigo; desde el oriente traeré a tu descendencia, desde el occidente te reuniré».

—Cuando leí esas palabras —le dijo luego a su padre—, sentí que Dios me hacía una promesa. De algún modo supe que volvería a casa a salvo. A partir de ese momento, toda la experiencia fue mucho más fácil.

Cuánto más llevaderas son las pruebas más nos damos cuenta que la gracia de Dios es doble. No solo el final es feliz, sino también la paz que sentimos durante una travesía dolorosa, y confiamos en Dios... plenamente.

DORIS HAASE

Palabras de Vida Sobre
El Ánimo

Encomienda al Señor tus afanes, y él te sostendrá; no permitirá que el justo caiga y quede abatido para siempre.

Salmo 55:22

Tú eres mi refugio; tú me protegerás del peligro y me rodearás con cánticos de liberación.

Salmo 32:7

En mi confusión llegué a decir: «¡He sido arrojado de tu presencia!» Pero tú oíste mi voz suplicante cuando te pedí que me ayudaras ... Cobren ánimo y ármense de valor, todos los que en el Señor esperan.

Salmo 31:22, 24

Siempre tengo esto presente, y por eso me deprimo. Pero algo más me viene a la memoria, lo cual me llena de esperanza: El gran amor del Señor nunca se acaba, y su compasión jamás se agota. Cada mañana se renuevan sus bondades; ¡muy grande es su fidelidad!

Lamentaciones 3:20–23

¿Por qué voy a inquietarme? ¿Por qué me voy a angustiar? En Dios pondré mi esperanza y todavía lo alabaré. ¡Él es mi Salvador y mi Dios!

Salmo 42:5

Palabras de Vida Sobre El Ánimo

Por la mañana hazme saber de tu gran amor, porque en ti he puesto mi confianza. Señálame el camino que debo seguir, porque a ti elevo mi alma.

Salmo 143:8

El Señor es refugio de los oprimidos; es su baluarte en momentos de angustia.

Salmo 9:9

Dios es nuestro amparo y nuestra fortaleza, nuestra ayuda segura en momentos de angustia. Por eso, no temeremos aunque se desmorone la tierra y las montañas se hundan en el fondo del mar; aunque rujan y se encrespen sus aguas, y ante su furia retiemblen los montes.

Salmo 46:1–3

Sólo en Dios halla descanso mi alma; de él viene mi salvación. Sólo él es mi roca y mi salvación; él es mi protector. ¡Jamás habré de caer!

Salmo 62:1–2

Jesús dijo: «Yo les he dicho estas cosas para que en mí hallen paz. En este mundo afrontarán aflicciones, pero ¡anímense! Yo he vencido al mundo.»

Juan 16:33

El Ánimo

Podrán desfallecer mi cuerpo y mi espíritu, pero Dios fortalece mi corazón; él es mi herencia eterna.

Salmo 73:26

No bien decía: «Mis pies resbalan», cuando ya tu amor, Señor, venía en mi ayuda. Cuando en mí la angustia iba en aumento, tu consuelo llenaba mi alma de alegría.

Salmo 94:18–19

El Señor levanta a los caídos y sostiene a los agobiados.

Salmo 145:14

Jesús dijo: «Vengan a mí todos ustedes que están cansados y agobiados, y yo les daré descanso. Carguen con mi yugo y aprendan de mí, pues yo soy apacible y humilde de corazón, y encontrarán descanso para su alma.»

Mateo 11:28–29

Él fortalece al cansado y acrecienta las fuerzas del débil. Aun los jóvenes se cansan, se fatigan, y los muchachos tropiezan y caen; pero los que confían en el Señor renovarán sus fuerzas; volarán como las águilas: correrán y no se fatigarán, caminarán y no cansarán.

Isaías 40:29–31

Palabras de Vida Sobre
El ánimo

Porque yo soy el Señor, tu Dios, que sostiene tu mano derecha; yo soy quien te dice: «No temas, yo te ayudaré.»

Isaías 41:13

Cuando cruces las aguas, yo estaré contigo; cuando cruces los ríos, no te cubrirán sus aguas; cuando camines por el fuego, no te quemarás ni te abrasarán las llamas.

Isaías 43:2

Jesús dijo: «La paz les dejo; mi paz les doy. Yo no se la doy a ustedes como la da el mundo. No se angustien ni se acobarden.»

Juan 14:27

Depositen en él toda ansiedad, porque él cuida de ustedes.

1 Pedro 5:7

Dichosos ustedes que ahora pasan hambre, porque serán saciados. Dichosos ustedes que ahora lloran, porque luego habrán de reír.

Lucas 6:21

Palabras de Vida Sobre
El Ánimo

Jesús dijo: «Te basta con mi gracia, pues mi poder se perfecciona en la debilidad.»

2 Corintios 12:9

No dejemos de congregarnos, como acostumbran hacerlo algunos, sino animémonos unos a otros, y con mayor razón ahora que vemos que aquel día se acerca.

Hebreos 10:25

Que nuestro Señor Jesucristo mismo y Dios nuestro Padre, que nos amó y por su gracia nos dio consuelo eterno y una buena esperanza, los anime y les fortalezca el corazón, para que tanto en palabra como en obra hagan todo lo que sea bueno.

2 Tesalonicenses 2:16–17

Estimulen a los desanimados, ayuden a los débiles y sean pacientes con todos

1 Tesalonicenses 5:14

Porque yo sé muy bien los planes que tengo para ustedes —afirma el Señor—, planes de bienestar y no de calamidad, a fin de darles un futuro y una esperanza.

Jeremías 29:11

Desechemos el desánimo

Luego de un día de lidiar con un bebé malhumorado, un adolescente hostil, un jefe exigente o un esposo insatisfecho . . . puedo decir —más bien gritar— junto con Elías: «¡Estoy harto, Señor!» (1 Reyes 19:4).

Si tan solo hiciera caso a lo que receta el Señor para el desánimo, sería factible que recuperara el control de mi persona y de mis emociones:

1) Descansar lo suficiente (1 Reyes 19:5). ¿Alguna vez notaste cómo el mal genio tiene relación directa con una noche de mal dormir? A veces no se puede evitar dormir poco (hay que alimentar a los bebés), pero siempre que te sea posible duerme bien.

2) Come alimentos saludables con regularidad (1 Reyes 19:6). Cinco bocados de masa cruda de galletas dulces no constituyen un almuerzo saludable. Alimentos altos en proteína y bajos en azúcar te aportarán la energía necesaria para enfrentar las presiones del día.

3) Pasa tiempo en silencio tú sola y con el Señor (1 Reyes 19:12). No hay vuelta que darle, por ocupada que estés, el tiempo que pases a solas y con tu Señor te proporcionarán la estabilidad necesaria para recibir y enfrentar cualquier cosa que la vida te depare.

Jean E. Syswerda

Palabras de Vida Sobre
La fe

La fe es la garantía de lo que se espera, la certeza de lo que no se ve.

Hebreos 11:1

Así que la fe viene como resultado de oír el mensaje, y el mensaje que se oye es la palabra de Cristo.

Romanos 10:17

Abram creyó al Señor, y el Señor lo reconoció a él como justo.

Génesis 15:6

Fijemos la mirada en Jesús, el iniciador y perfeccionador de nuestra fe, quien por el gozo que le esperaba, soportó la cruz, menospreciando la vergüenza que ella significaba, y ahora está sentado a la derecha del trono de Dios.

Hebreos 12:2

Jesús dijo: «Les aseguro que si tienen fe tan pequeña como un grano de mostaza, podrán decirle a esta montaña: "Trasládate de aquí para allá", y se trasladará. Para ustedes nada será imposible.»

Mateo 17:20

Entonces les tocó los ojos y les dijo: —Se hará con ustedes conforme a su fe.

Mateo 9:29

Palabras de Vida Sobre

La fe

—Tengan fe en Dios —respondió Jesús—. Les aseguro que si alguno le dice a este monte: «Quítate de ahí y tírate al mar», creyendo, sin abrigar la menor duda de que lo que dice sucederá, lo obtendrá. Por eso les digo: Crean que ya han recibido todo lo que estén pidiendo en oración, y lo obtendrán.

Marcos 11:22–24

De hecho, en el evangelio se revela la justicia que proviene de Dios, la cual es por fe de principio a fin, tal como está escrito: «El justo vivirá por la fe.»

Romanos 1:17

Vivimos por fe, no por vista.

2 Corintios 5:7

En realidad, sin fe es imposible agradar a Dios, ya que cualquiera que se acerca a Dios tiene que creer que él existe y que recompensa a quienes lo buscan.

Hebreos 11:6

Hemos sido justificados mediante la fe.

Romanos 5:1

Palabras de Vida Sobre

La fe

Ustedes lo aman a pesar de no haberlo visto; y aunque no lo ven ahora, creen en él y se alegran con un gozo indescriptible y glorioso, pues están obteniendo la meta de su fe, que es su salvación.

1 Pedro 1:8–9

En esto, una mujer que hacía doce años padecía de hemorragias se le acercó por detrás y le tocó el borde del manto. Pensaba: «Si al menos logro tocar su manto, quedaré sana.» Jesús se dio vuelta, la vio y le dijo: —¡Ánimo, hija! Tu fe te ha sanado. Y la mujer quedó sana en aquel momento.

Mateo 9:20–22

Porque por gracia ustedes han sido salvados mediante la fe; esto no procede de ustedes, sino que es el regalo de Dios.

Efesios 2:8

Todo el que ha nacido de Dios vence al mundo. Ésta es la victoria que vence al mundo: nuestra fe.

1 Juan 5:4

La senda de la fe

Dios siempre procura enseñarnos la senda de la fe, y en nuestro adiestramiento en la vida debe haber lugar para la prueba, la disciplina, la paciencia y la valentía de la fe. A menudo pasan muchas etapas antes de comprender a ciencia cierta cuál es el fin a la victoria de la fe.

Mediante la disciplina de la fe se desarrolla verdadero carácter moral. ¿Le formulaste tu petición a Dios, pero no llega la respuesta? ¿Qué se debe hacer?

Sigue confiando en la Palabra de Dios; nunca permitas que lo que veas o sientas te aleje de ella y así, al mantenerte firme, desarrollarás mayor poder y experiencia. Con frecuencia Dios se demora a propósito, y la demora reviste la misma importancia en la respuesta a tu oración que el cumplimiento.

Abraham, Moisés y Elías no fueron grandes en el principio, pero se hicieron grandes a través de la disciplina de la fe, de esa manera pudieron ser capacitados para desempeñar las funciones a las que Dios los llamó.

Cuando Dios habla sobre lo que se propone hacer y pasan los días y no lo hace, es una prueba sumamente difícil; pero es una disciplina de la fe que nos llevará a un conocimiento de Dios que de otro modo sería imposible.

Sra. Charles E. Cowman

LAS FINANZAS

Nadie puede servir a dos señores, pues menospreciará a uno y amará al otro, o querrá mucho a uno y despreciará al otro. No se puede servir a la vez a Dios y a las riquezas.

MATEO 6:24

Inclina mi corazón hacia tus estatutos y no hacia las ganancias desmedidas.

SALMO 119:36

El que confía en sus riquezas se marchita, pero el justo se renueva como el follaje.

PROVERBIOS 11:28

El SEÑOR es mi pastor, nada me falta.

SALMO 23:1

Es cierto que con la verdadera religión se obtienen grandes ganancias, pero sólo si uno está satisfecho con lo que tiene. Porque nada trajimos a este mundo, y nada podemos llevarnos. Así que, si tenemos ropa y comida, contentémonos con eso. Los que quieren enriquecerse caen en la tentación y se vuelven esclavos de sus muchos deseos. Estos afanes insensatos y dañinos hunden a la gente en la ruina y en la destrucción. Porque el amor al dinero es la raíz de toda clase de males. Por codiciarlo, algunos se han desviado de la fe y se han causado muchísimos sinsabores.

1 TIMOTEO 6:6–10

Las finanzas

Sé lo que es vivir en la pobreza, y lo que es vivir en la abundancia. He aprendido a vivir en todas y cada una de las circunstancias, tanto a quedar saciado como a pasar hambre, a tener de sobra como a sufrir escasez.

Filipenses 4:12

Jesús se sentó frente al lugar donde se depositaban las ofrendas, y estuvo observando cómo la gente echaba sus monedas en las alcancías del templo. Muchos ricos echaban grandes cantidades. Pero una viuda pobre llegó y echó dos moneditas de muy poco valor. Jesús llamó a sus discípulos y les dijo: «Les aseguro que esta viuda pobre ha echado en el tesoro más que todos los demás. Éstos dieron de lo que les sobraba; pero ella, de su pobreza, echó todo lo que tenía, todo su sustento.»

Marcos 12:41–44

Traigan íntegro el diezmo para los fondos del templo, y así habrá alimento en mi casa. Pruébenme en esto —dice el Señor Todopoderoso—, y vean si no abro las compuertas del cielo y derramo sobre ustedes bendición hasta que sobreabunde.

Malaquías 3:10

Palabras de Vida Sobre
Las finanzas

»¡Tengan cuidado! —advirtió a la gente—. Absténganse de toda avaricia; la vida de una persona no depende de la abundancia de sus bienes.

Lucas 12:15

No tengan deudas pendientes con nadie, a no ser la de amarse unos a otros. De hecho, quien ama al prójimo ha cumplido la ley.

Romanos 13:8

Jesús dijo: «Así que no se preocupen diciendo: "¿Qué comeremos?" o "¿Qué beberemos?" o "¿Con qué nos vestiremos?" Porque los paganos andan tras todas estas cosas, y el Padre celestial sabe que ustedes las necesitan. Más bien, busquen primeramente el reino de Dios y su justicia, y todas estas cosas les serán añadidas.»

Mateo 6:31–33

El hombre de bien deja herencia a sus nietos;
las riquezas del pecador se quedan para los justos.

Proverbios 13:22

Recuerda al Señor tu Dios, porque es él quien te da el poder para producir esa riqueza; así ha confirmado hoy el pacto que bajo juramento hizo con tus antepasados.

Deuteronomio 8:18

Finanzas de Salomón

El otro día recogí un periódico y leí que, de acuerdo con las estadísticas más recientes nuestra familia acababa de superar el nivel de pobreza. Nunca me había dado cuenta que nuestra situación era tan pobre.

A pesar de las estadísticas, no tenemos necesidad de de ropa y disfrutamos de tres comidas completas por día. El techo que nos cubre está pago aunque hayamos colocado las tejas nosotros mismos. Ahora, los expertos me dicen que apenas hemos subsistido. ¿Me pregunto cómo será una vida normal?

Para algunas personas en este mundo, la pobreza es una dura realidad. Para otros es apenas un estado mental. ¿Cuánta preocupación debiera causarnos que nuestros ingresos no lleguen al promedio nacional o sean menores que los del vecino? Siempre existe la posibilidad de ser pobre porque me sienta pobre, no por carecer de lo necesario.

En lugar de esforzarme por alcanzar un nivel de vida mejor por el simple hecho de ganar más dinero, tal vez deba cambiar mi actitud en lo que respecta a gastar dinero. Si en verdad tenemos la disposición de tratar de mantenernos dentro de los límites de la cantidad que nos asignó Dios creo que honrará nuestra eficiencia.

De vez en cuando conviene revisar el presupuesto en forma sistemática, tomando en cuenta el consejo sabio de Salomón: «No me des pobreza ni riquezas sino sólo el pan de cada día» (Proverbios 30:8).

Alma Barkman

Palabras de Vida Sobre

El perdón

Tan lejos de nosotros echó nuestras transgresiones como lejos del oriente está el occidente.

Salmo 103:12

Vengan, pongamos las cosas en claro —dice el Señor—. ¿Son sus pecados como escarlata? ¡Quedarán blancos como la nieve! ¿Son rojos como la púrpura? ¡Quedarán como la lana!

Isaías 1:18

Yo soy el que por amor a mí mismo borra tus transgresiones y no se acuerda más de tus pecados.

Isaías 43:25

En otro tiempo ustedes, por su actitud y sus malas acciones, estaban alejados de Dios y eran sus enemigos. Pero ahora Dios, a fin de presentarlos santos, intachables e irreprochables delante de él, los ha reconciliado en el cuerpo mortal de Cristo mediante su muerte.

Colosenses 1:21-22

Si mi pueblo, que lleva mi nombre, se humilla y ora, y me busca y abandona su mala conducta, yo lo escucharé desde el cielo, perdonaré su pecado y restauraré su tierra.

2 Crónicas 7:14

Palabras de Vida Sobre
El perdón

En él tenemos la redención mediante su sangre, el perdón de nuestros pecados, conforme a las riquezas de la gracia que Dios nos dio en abundancia con toda sabiduría y entendimiento.

Efesios 1:7-8

¿Qué Dios hay como tú, que perdone la maldad y pase por alto el delito del remanente de su pueblo? No siempre estarás airado, porque tu mayor placer es amar.

Miqueas 7:18

¡Dichosos aquellos a quienes se les perdonan las transgresiones y se les cubren los pecados! ¡Dichoso aquel cuyo pecado el Señor no tomará en cuenta!

Romanos 4:7-8

Si confesamos nuestros pecados, Dios, que es fiel y justo, nos los perdonará y nos limpiará de toda maldad.

1 Juan 1:9

Por tanto, para que sean borrados sus pecados, arrepiéntanse y vuélvanse a Dios, a fin de que vengan tiempos de descanso de parte del Señor.

Hechos 3:19-20

El perdón

Pero aun cuando nos hemos rebelado contra ti, tú, Señor nuestro, eres un Dios compasivo y perdonador.

Daniel 9:9

Alaba, alma mía, al Señor, y no olvides ninguno de sus beneficios. Él perdona todos tus pecados y sana todas tus dolencias.

Salmo 103:2-3

Perdónanos nuestras deudas, como también nosotros hemos perdonado a nuestros deudores. Y no nos dejes caer en tentación, sino líbranos del maligno.

Mateo 6:12-13

Quien encubre su pecado jamás prospera; quien lo confiesa y lo deja, halla perdón.

Proverbios 28:13

Por amor a tu nombre, Señor, perdona mi gran iniquidad.

Salmo 25:11

Porque si perdonan a otros sus ofensas, también los perdonará a ustedes su Padre celestial. Pero si no perdonan a otros sus ofensas, tampoco su Padre les perdonará a ustedes las suyas.

Mateo 6:14-15

El perdón

Más bien, sean bondadosos y compasivos unos con otros, y perdónense mutuamente, así como Dios los perdonó a ustedes en Cristo.

Efesios 4:32

Jesús dijo: «No juzguen, y no se les juzgará. No condenen, y no se les condenará. Perdonen, y se les perdonará.»

Lucas 6:37

Mis queridos hijos, les escribo estas cosas para que no pequen. Pero si alguno peca, tenemos ante el Padre a un intercesor, a Jesucristo, el Justo.

1 Juan 2:1

Yo les perdonaré sus iniquidades, y nunca más me acordaré de sus pecados.

Hebreos 8:12

Los purificaré de todas las iniquidades que cometieron contra mí; les perdonaré todos los pecados con que se rebelaron contra mí.

Jeremías 33:8

Por lo tanto, ya no hay ninguna condenación para los que están unidos a Cristo Jesús.

Romanos 8:1

Palabras de Vida Sobre

El perdón

Escucha, SEÑOR, mi voz.
Estén atentos tus oídos a mi voz suplicante.
Si tú, SEÑOR, tomaras en cuenta los pecados,
¿quién, SEÑOR, sería declarado inocente?
Pero en ti se halla perdón,
y por eso debes ser temido.
Espero al SEÑOR, lo espero con toda el alma;
en su palabra he puesto mi esperanza.

SALMO 130:2–5

Oh Dios y salvador nuestro, por la gloria de tu nombre, ayúdanos; por tu nombre, líbranos y perdona nuestros pecados.

SALMO 79:9

Perdónanos nuestros pecados, porque también nosotros perdonamos a todos los que nos ofenden.

LUCAS 11:4

Limpieza de la casa espiritual

Gran parte de lo que guardamos en cajas no tiene valor para nadie excepto para nosotras. Talones de entradas, ramilletes marchitos, programas de graduación que carecen de valor. Sin embargo, los coleccionamos para conservar recuerdos de ocasiones importantes.

Hay recuerdos alegres y tristes. Quizá algunos sean amargos. Recordamos palabras airadas y resentimientos. El familiar que no vino a nuestro casamiento. La nuera que nos dijo que dejáramos de entrometernos. Guardamos todas estas cosas en nuestra mente, y de vez en cuando las sacamos para revivir los recuerdos.

En Isaías 43:25 Dios dice a su pueblo: «Yo soy el que por amor a mí mismo borra tus transgresiones y no se acuerda más de tus pecados». Todas esas cosas terribles que hemos hecho: Dios las cancela, las elimina. No las esconde en un cajón por si acaso quiera sacarlas para refrescarnos la memoria. Las borra. Ya no las puede recordar. Dios perdona y olvida. También debiéramos hacerlo nosotros.

Al envejecer es posible que nos volvamos descuidadas en el mantenimiento de nuestra limpieza espiritual. Es posible que se acumule basura emocional. Este es un buen día para confesarlo, reparar daños ocasionados y disfrutar una vida libre de desorden.

Jean Shaw

El control divino

Porque el Señor tu Dios es Dios de dioses y Señor de señores; él es el gran Dios, poderoso y terrible, que no actúa con parcialidad ni acepta sobornos.

Deuteronomio 10:17

Del Señor es la tierra y todo cuanto hay en ella, el mundo y cuantos lo habitan.

Salmo 24:1

Porque el Señor es grande, y digno de toda alabanza; ¡más temible que todos los dioses!

1 Crónicas 16:25

¡El Señor reina por siempre y para siempre!.

Éxodo 15:18

Y se le dio autoridad, poder y majestad. ¡Todos los pueblos, naciones y lenguas lo adoraron! ¡Su dominio es un dominio eterno, que no pasará, y su reino jamás será destruido!.

Daniel 7:14

Su reino será un reino eterno, y lo adorarán y obedecerán todos los gobernantes de la tierra.

Daniel 7:27

Yo sé que el Señor y Dios es Dios de dioses tanto en el cielo como en la tierra.

Josué 2:11

El control divino

Dios es poderoso e infunde temor; él pone orden en las alturas de los cielos.

Job 25:2

Que sepan que tú eres el Señor, que ése es tu nombre; que sepan que sólo tú eres el Altísimo sobre toda la tierra.

Salmo 83:18

Porque el Señor es nuestro guía; el Señor es nuestro gobernante. El Señor es nuestro rey: ¡Él nos salvará!

Isaías 33:22

Yo soy el primero y el último; fuera de mí no hay otro dios.

Isaías 44:6

«Yo soy el Alfa y la Omega —dice el Señor Dios—, el que es y que era y que ha de venir, el Todopoderoso.»

Apocalipsis 1:8

El Dios Altísimo es el soberano de todos los reinos humanos.

Daniel 4:17

Jesús dijo: «El cielo y la tierra pasarán, pero mis palabras jamás pasarán.»

Mateo 24:35

Palabras de Vida Sobre

El control divino

En cambio, nosotros somos ciudadanos del cielo, de donde anhelamos recibir al Salvador, el Señor Jesucristo. Él transformará nuestro cuerpo miserable para que sea como su cuerpo glorioso, mediante el poder con que somete a sí mismo todas las cosas.

Filipenses 3:20–21

Pero los planes del Señor quedan firmes para siempre; los designios de su mente son eternos.

Salmo 33:11

La mentalidad que proviene del Espíritu es vida y paz.

Romanos 8:6

El arquitecto de nuestra vida

Se cuenta una historia africana de un escultor que estaba tallando el rostro del rey. Cada día el escultor tallaba la piedra, y todas las noches pasaba un hombre a limpiar el ripio. En poco tiempo este hombre empezó a ver un rostro que emergía de la roca. Finalmente, cuando la imagen se terminó y todos pudieron verla, estaba tan asombrado y estupefacto que se acercó al escultor y le preguntó: «¿Cómo sabía que el rey estaba en esa piedra?»

Sin duda, tanto el escultor como el arquitecto deben poseer la capacidad de diseñar y crear en la mente lo que no existe, para luego convertirlo en realidad.

Considera que Dios, el Gran Escultor y Arquitecto, diseñó y creó todo lo que existe. No solo nos creó físicamente, también creó en nosotras la fe. Cualquier intento de edificar nuestra vida sin Dios es fútil y nuestro esfuerzo es en vano, puesto que Dios es el Maestro Constructor. Sin él, nada podemos hacer.

«Señor Dios que creaste el mundo y todo lo que en él hay, reconozco que soy creación tuya. Ayúdame a entender que todo lo que intento hacer sin ti, es un esfuerzo vano. Amén».

Reverenda Rosalyn Grant Frederick

Palabras de Vida Sobre

La protección divina

Fíjense en las aves del cielo: no siembran ni cosechan ni almacenan en graneros; sin embargo, el Padre celestial las alimenta. ¿No valen ustedes mucho más que ellas?

Mateo 6:26

No tengan miedo, mi rebaño pequeño, porque es la buena voluntad del Padre darles el reino.

Lucas 12:32

Jesús dijo: «Yo soy el buen pastor. El buen pastor da su vida por las ovejas.»

Juan 10:11

Jesús dijo: «Mis ovejas oyen mi voz; yo las conozco y ellas me siguen. Yo les doy vida eterna, y nunca perecerán, ni nadie podrá arrebatármelas de la mano. Mi Padre, que me las ha dado, es más grande que todos; y de la mano del Padre nadie las puede arrebatar.»

Juan 10:27-29

Alaba, alma mía, al Señor, y no olvides ninguno de sus beneficios. Él perdona todos tus pecados y sana todas tus dolencias; él rescata tu vida del sepulcro y te cubre de amor y compasión; él colma de bienes tu vida y te rejuvenece como a las águilas.

Salmo 103:2-5

La protección divina

Pero el Señor es fiel, y él los fortalecerá y los protegerá del maligno.

2 Tesalonicenses 3:3

Jesús dijo: «Ya no voy a estar por más tiempo en el mundo, pero ellos están todavía en el mundo, y yo vuelvo a ti. Padre santo, protégelos con el poder de tu nombre, el nombre que me diste, para que sean uno, lo mismo que nosotros».

Juan 17:11

No me niegues, Señor, tu misericordia; que siempre me protejan tu amor y tu verdad.

Salmo 40:11

El que habita al abrigo del Altísimo se acoge a la sombra del Todopoderoso.

Salmo 91:1

El Señor te protegerá; de todo mal protegerá tu vida. El Señor te cuidará en el hogar y en el camino, desde ahora y para siempre.

Salmo 121:7-8

Porque el Señor estará siempre a tu lado y te librará de caer en la trampa.

Proverbios 3:26

La protección divina

Aun si voy por valles tenebrosos, no temo peligro alguno porque tú estás a mi lado; tu vara de pastor me reconforta.

Salmo 23:4

Así que no temas, porque yo estoy contigo; no te angusties, porque yo soy tu Dios. Te fortaleceré y te ayudaré; te sostendré con mi diestra victoriosa.

Isaías 41:10

Pero ahora, así dice el Señor, el que te creó, Jacob, el que te formó, Israel: «No temas, que yo te he redimido; te he llamado por tu nombre; tú eres mío. Cuando cruces las aguas, yo estaré contigo; cuando cruces los ríos, no te cubrirán sus aguas; cuando camines por el fuego, no te quemarás ni te abrasarán las llamas. Yo soy el Señor, tu Dios, el Santo de Israel, tu salvador; yo he entregado a Egipto como precio por tu rescate, a Cus y a Seba en tu lugar.

Isaías 43:1-3

Jesús dijo: «Y les aseguro que estaré con ustedes siempre, hasta el fin del mundo.»

Mateo 28:20

¡Sí, éste es nuestro Dios; en él confiamos, y él nos salvó! ¡Éste es el Señor, en él hemos confiado; regocijémonos y alegrémonos en su salvación!

Isaías 25:9

Protección en los nuevos comienzos

Un ave solitaria revoloteaba sobre un mundo hundido. Se veían los resultados de un diluvio catastrófico. Este estaba estaba desolado y, al parecer, no tenía futuro. En ningún lugar encontraba un sitio al cual aferrarse, un lugar donde apoyar su patica. No encontró reposo.

Sin embargo, la paloma que revoloteaba sin rumbo determinado estaba menos solitaria de lo que parecía. Noé, cuyo nombre significa: «el que dará reposo», no la había olvidado. Aguardó su regreso. Cuando volvió, se encontró con un brazo extendido, listo para resguardarla en el arca.

Somos comparables a esa paloma. Nos sentimos solas y abandonadas. Revoloteamos en un mundo que no ofrece en ningún sentido un lugar donde aferrarnos. Vemos poca esperanza para la humanidad. A nivel espiritual y emocional no hallamos reposo.

Sin embargo, hay alguien que se interesa por nosotras y vigila atentamente a cada individuo: ¡Dios! Por medio de él podemos hallar reposo, a pesar de las catástrofes que hostigan al mundo. Nos ofrece un lugar donde afirmarnos y también esperanza, incluso en un mundo que parece estar perdido. Nos ofrece un nuevo comienzo a los que volvemos a él.

Gien Karssen

Palabras de Vida Sobre

La gratitud

¡Aleluya! ¡Alabado sea el Señor!

Salmo 106:1

Ana elevó esta oración:
«Mi corazón se alegra en el Señor;
en él radica mi poder.
Puedo celebrar su salvación
y burlarme de mis enemigos.»

1 Samuel 2:1

Den gracias al Señor, porque él es bueno; su gran amor perdura para siempre.

Salmo 118:1

Bendeciré al Señor en todo tiempo; mis labios siempre lo alabarán.

Salmo 34:1

No se inquieten por nada; más bien, en toda ocasión, con oración y ruego, presenten sus peticiones a Dios y denle gracias.

Filipenses 4:6

Den gracias a Dios en toda situación, porque esta es su voluntad para ustedes en Cristo Jesús.

1 Tesalonicenses 5:18

Palabras de Vida Sobre

La gratitud

¡Pero gracias a Dios, que nos da la victoria por medio de nuestro Señor Jesucristo!

1 Corintios 15:57

Te ofreceré un sacrificio de gratitud e invocaré, Señor, tu nombre.

Salmo 116:17

«¡Alaben al Señor, proclamen su nombre, testifiquen de sus proezas entre los pueblos!

1 Crónicas 16:8

¡Aleluya! ¡Alabado sea el Señor! Alabaré al Señor con todo el corazón en la asamblea, en compañía de los rectos. Grandes son las obras del Señor; estudiadas por los que en ellas se deleitan.

Salmo 111:1–2

Anímense unos a otros con salmos, himnos y canciones espirituales. Canten y alaben al Señor con el corazón, dando siempre gracias a Dios el Padre por todo, en el nombre de nuestro Señor Jesucristo.

Efesios 5:19–20

Vivan ahora en él, arraigados y edificados en él, confirmados en la fe como se les enseñó, y llenos de gratitud.

Colosenses 2:6–7

Palabras de Vida Sobre
La gratitud

Canten al Señor con gratitud; canten salmos a nuestro Dios al son del arpa.

Salmo 147:7

Entren por sus puertas con acción de gracias; vengan a sus atrios con himnos de alabanza; denle gracias, alaben su nombre.

Salmo 100:4

Den gracias al Señor, porque él es bueno; su gran amor perdura para siempre. Den gracias al Dios de dioses; su gran amor perdura para siempre. Den gracias al Señor omnipotente; su gran amor perdura para siempre.

Salmo 136:1–3

¡Gracias a Dios por su don inefable!

2 Corintios 9:15

Entonces Jesús tomó los cinco panes y los dos pescados, y mirando al cielo, los bendijo. Luego los partió y se los dio a los discípulos para que se los repartieran a la gente.

Lucas 9:16

Todo lo que Dios ha creado es bueno, y nada es despreciable si se recibe con acción de gracias.

1 Timoteo 4:4

Palabras de Vida Sobre La gratitud

Así que ofrezcamos continuamente a Dios, por medio de Jesucristo, un sacrificio de alabanza, es decir, el fruto de los labios que confiesan su nombre.

Hebreos 13:15

Den gracias al Señor, porque él es bueno; su gran amor perdura para siempre. Que lo digan los redimidos del Señor.

Salmo 107:1–2

Siempre damos gracias a Dios por todos ustedes cuando los mencionamos en nuestras oraciones. Los recordamos constantemente delante de nuestro Dios y Padre a causa de la obra realizada por su fe, el trabajo motivado por su amor, y la constancia sostenida por su esperanza en nuestro Señor Jesucristo.

1 Tesalonicenses 1:2–3

¡Amén! La alabanza, la gloria, la sabiduría, la acción de gracias, la honra, el poder y la fortaleza son de nuestro Dios por los siglos de los siglos. ¡Amén!

Apocalipsis 7:12

¡Alabaré al Señor por su justicia!
¡Al nombre del Señor altísimo cantaré salmos!

Salmo 7:17

Palabras de Vida Sobre

La gratitud

¡Que den gracias al Señor por su gran amor,
por sus maravillas en favor de los hombres!

Salmo 107:21

Vengan, cantemos con júbilo al Señor;
aclamemos a la roca de nuestra salvación.
Lleguemos ante él con acción de gracias,
aclamémoslo con cánticos.
Porque el Señor es el gran Dios,
el gran Rey sobre todos los dioses.

Salmo 95:1–3

Convertiste mi lamento en danza;
me quitaste la ropa de luto
y me vestiste de fiesta,
para que te cante y te glorifique,
y no me quede callado.
¡Señor, mi Dios, siempre te daré gracias!

Salmo 30:11–12

Todo esto es por el bien de ustedes, para que la gracia que está alcanzando a más y más personas haga abundar la acción de gracias para la gloria de Dios.

2 Corintios 4:15

Sin duda, el Señor consolará a Sión; consolará todas sus ruinas. Convertirá en un Edén su desierto; en huerto del Señor sus tierras secas. En ella encontrarán alegría y regocijo, acción de gracias y música de salmos.

Isaías 51:3

Da gracias en todo

¿Cómo se puede tener un corazón agradecido y contento cuando las circunstancias de nuestra vida no son las que habíamos planeado y escapan a nuestro control o a nuestra posibilidad de cambio?

Observemos nuestras alternativas. Si no somos agradecidas, nos amargamos y enojamos con Dios: él no nos proporciona lo que «con justicia» merecemos. Si no tenemos contentamiento, nos volvemos rebeldes y quejosas: al fin y al cabo, le da a nuestras amigas todo lo que piden en oración. ¿Por qué nos deniega lo que nosotras pedimos?

Subyacen a estas quejas y preguntas dos errores en nuestra forma de pensar: que Dios no es confiable y que no desea nuestro bien. Al cotejar estas conclusiones con las Escrituras, ¡descubrimos lo erradas que estamos! La Palabra de Dios nos enseña que Dios ejerce control soberano. Está estrechamente involucrado con nosotras; lleva a cabo sus propósitos por medio de acontecimientos en nuestra vida a fin de conformarnos a la imagen de su Hijo.

El amor de Dios por su pueblo no se determina por las circunstancias de la vida. Su amor es inmutable. Nuestro estado civil, nuestra profesión o nuestras finanzas pueden fluctuar o derrumbarse por completo. Sin embargo, a pesar de ello, podemos y debemos darle gracias por el amor que nos tiene.

Carol L. Baldwin

El dolor

Cada día de mi servicio obligatorio esperaré a que llegue mi relevo.

Job 14:14

Si la esperanza que tenemos en Cristo fuera sólo para esta vida, seríamos los más desdichados de todos los mortales. Lo cierto es que Cristo ha sido levantado de entre los muertos, como primicias de los que murieron. De hecho, ya que la muerte vino por medio de un hombre, también por medio de un hombre viene la resurrección de los muertos. Pues así como en Adán todos mueren, también en Cristo todos volverán a vivir.

1 Corintios 15:19–22

Fíjense bien en el misterio que les voy a revelar: No todos moriremos, pero todos seremos transformados, en un instante, en un abrir y cerrar de ojos, al toque final de la trompeta. Pues sonará la trompeta y los muertos resucitarán con un cuerpo incorruptible, y nosotros seremos transformados. Porque lo corruptible tiene que revestirse de lo incorruptible, y lo mortal, de inmortalidad. Cuando lo corruptible se revista de lo incorruptible, y lo mortal, de inmortalidad, entonces se cumplirá lo que está escrito: «La muerte ha sido devorada por la victoria.» «¿Dónde está, oh muerte, tu victoria? ¿Dónde está, oh muerte, tu aguijón?»

1 Corintios 15:51–55

El dolor

¿Acaso no creemos que Jesús murió y resucitó? Así también Dios resucitará con Jesús a los que han muerto en unión con él. Conforme a lo dicho por el Señor, afirmamos que nosotros, los que estemos vivos y hayamos quedado hasta la venida del Señor, de ninguna manera nos adelantaremos a los que hayan muerto. El Señor mismo descenderá del cielo con voz de mando, con voz de arcángel y con trompeta de Dios, y los muertos en Cristo resucitarán primero. Luego los que estemos vivos, los que hayamos quedado, seremos arrebatados junto con ellos en las nubes para encontrarnos con el Señor en el aire. Y así estaremos con el Señor para siempre. Por lo tanto, anímense unos a otros con estas palabras.

1 Tesalonicenses 4:14–18

Oí una potente voz que provenía del trono y decía: «¡Aquí, entre los seres humanos, está la morada de Dios! Él acampará en medio de ellos, y ellos serán su pueblo; Dios mismo estará con ellos y será su Dios. Él les enjugará toda lágrima de los ojos. Ya no habrá muerte, ni llanto, ni lamento ni dolor, porque las primeras cosas han dejado de existir.»

Apocalipsis 21:3–4

Aun si voy por valles tenebrosos, no temo peligro alguno porque tú estás a mi lado; tu vara de pastor me reconforta.

Salmo 23:4

El dolor

En tus manos encomiendo mi espíritu; líbrame, Señor, Dios de la verdad.

Salmo 31:5

Y del polvo de la tierra se levantarán las multitudes de los que duermen, algunos de ellos para vivir por siempre, pero otros para quedar en la vergüenza y en la confusión perpetuas. Los sabios resplandecerán con el brillo de la bóveda celeste; los que instruyen a las multitudes en el camino de la justicia brillarán como las estrellas por toda la eternidad.

Daniel 12:2–3

Me guías con tu consejo, y más tarde me acogerás en gloria. ¿A quién tengo en el cielo sino a ti? Si estoy contigo, ya nada quiero en la tierra. Podrán desfallecer mi cuerpo y mi espíritu, pero Dios fortalece mi corazón; él es mi herencia eterna.

Salmo 73:24–26

Mucho valor tiene a los ojos del Señor la muerte de sus fieles.

Salmo 116:15

Los que van por el camino recto mueren en paz; hallan reposo en su lecho de muerte.

Isaías 57:2

El dolor

Porque ninguno de nosotros vive para sí mismo, ni tampoco muere para sí. Si vivimos, para el Señor vivimos; y si morimos, para el Señor morimos. Así pues, sea que vivamos o que muramos, del Señor somos.

Romanos 14:7–8

De hecho, sabemos que si esta tienda de campaña en que vivimos se deshace, tenemos de Dios un edificio, una casa eterna en el cielo, no construida por manos humanas.

2 Corintios 5:1

Así que nos mantenemos confiados, y preferiríamos ausentarnos de este cuerpo y vivir junto al Señor.

2 Corintios 5:8

Para mí el vivir es Cristo y el morir es ganancia.

Filipenses 1:21

Él murió por nosotros para que, en la vida o en la muerte, vivamos junto con él.

1 Tesalonicenses 5:10

Por lo demás me espera la corona de justicia que el Señor, el juez justo, me otorgará en aquel día; y no sólo a mí, sino también a todos los que con amor hayan esperado su venida.

2 Timoteo 4:8

El dolor

Él también compartió esa naturaleza humana para anular, mediante la muerte, al que tiene el dominio de la muerte —es decir, al diablo—, y librar a todos los que por temor a la muerte estaban sometidos a esclavitud durante toda la vida.

Hebreos 2:14–15

Entonces oí una voz del cielo, que decía: «Escribe: Dichosos los que de ahora en adelante mueren en el Señor.» «Sí —dice el Espíritu—, ellos descansarán de sus fatigosas tareas, pues sus obras los acompañan.»

Apocalipsis 14:13

Pero si Cristo está en ustedes, el cuerpo está muerto a causa del pecado, pero el Espíritu que está en ustedes es vida a causa de la justicia. Y si el Espíritu de aquel que levantó a Jesús de entre los muertos vive en ustedes, el mismo que levantó a Cristo de entre los muertos también dará vida a sus cuerpos mortales por medio de su Espíritu, que vive en ustedes.

Romanos 8:10–11

[Tenemos] un estímulo poderoso los que, buscando refugio, nos aferramos a la esperanza que está delante de nosotros. Tenemos como firme y segura ancla del alma una esperanza que penetra hasta detrás de la cortina del santuario.

Hebreos 6:18–19

Palabras de Vida Sobre

El dolor

Dichosos los que lloran, porque serán consolados.

Mateo 5:4

Oye, Señor; compadécete de mí. ¡Sé tú, Señor, mi ayuda!

Salmo 30:10

Por eso los fieles te invocan en momentos de angustia; caudalosas aguas podrán desbordarse, pero a ellos no los alcanzarán. Tú eres mi refugio; tú me protegerás del peligro y me rodearás con cánticos de liberación.

Salmo 32:6–7

Puse en el Señor toda mi esperanza; él se inclinó hacia mí y escuchó mi clamor. Me sacó de la fosa de la muerte, del lodo y del pantano; puso mis pies sobre una roca, y me plantó en terreno firme. Puso en mis labios un cántico nuevo, un himno de alabanza a nuestro Dios.

Salmo 40:1–3

Así dice el Señor: «Reprime tu llanto, las lágrimas de tus ojos . . . Se vislumbra esperanza en tu futuro: tus hijos volverán a su patria —afirma el Señor—.

Jeremías 31:16–17

Palabras de Vida Sobre

El dolor

Pues así como participamos abundantemente en los sufrimientos de Cristo, así también por medio de él tenemos abundante consuelo.

2 Corintios 1:5

Jesús dijo: «Se pondrán tristes, pero su tristeza se convertirá en alegría.»

Juan 16:20

Convertiré su duelo en gozo, y los consolaré; transformaré su dolor en alegría.

Jeremías 31:13

Devorará a la muerte para siempre; el Señor omnipotente enjugará las lágrimas de todo rostro.

Isaías 25:8

El que con lágrimas siembra, con regocijo cosecha. El que llorando esparce la semilla, cantando recoge sus gavillas.

Salmo 126:5–6

Y volverán los rescatados por el Señor, y entrarán en Sión con cantos de alegría, coronados de una alegría eterna. Los alcanzarán la alegría y el regocijo, y se alejarán la tristeza y el gemido.

Isaías 35:10

El mecanismo del dolor

Descubrí después de la muerte de mi esposo Jim que el dolor es duro: agotador y regresivo. Noté que no progresaba por etapas ordenadas y previsibles, sino que no tenía rumbo fijo. Periódicamente daba un paso al costado para hacer una evaluación y percibía una mejoría general: una disminución gradual del dolor y el temor, y una confianza cada vez mayor en mi capacidad para enfrentar lo cotidiano de la vida.

Sin embargo, durante los primeros meses los reveses eran repentinos y frecuentes. A menudo descubría que algún terreno que creía haber atravesado y vencido volvía a aparecer de modo enloquecedor como un estorbo en mi camino. Traté de aprender a evaluar la vida en segmentos mayores. Un análisis del progreso logrado en un mes puede ser más alentador que una inspección minuciosa demasiado frecuente.

Al contemplar el año de sufrimiento empecé a descubrir un patrón en mis decisiones, y comenzó a formarse en mi mente un nuevo principio de la vida: que la belleza puede ayudar a producir sanidad. Estoy convencida que Dios incluyó en todas nosotras, en mayor o menor grado, la capacidad de apreciar la belleza. Tal vez sea un método que utiliza Dios para sanar nuestro quebranto, y una forma de poder contribuir a la sanidad de nuestro mundo caído.

Mary Jane Worden

La guía

Si a alguno de ustedes le falta sabiduría, pídasela a Dios, y él se la dará, pues Dios da a todos generosamente sin menospreciar a nadie.

Santiago 1:5

El Señor dice: «Yo te instruiré, yo te mostraré el camino que debes seguir; yo te daré consejos y velaré por ti».

Salmo 32:8

Ya sea que te desvíes a la derecha o a la izquierda, tus oídos percibirán a tus espaldas una voz que te dirá: «Éste es el camino; síguelo.»

Isaías 30:21

¡Este Dios es nuestro Dios eterno! ¡Él nos guiará para siempre!

Salmo 48:14

Tu palabra es una lámpara a mis pies; es una luz en mi sendero.

Salmo 119:105

Pon en manos del Señor todas tus obras, y tus proyectos se cumplirán.

Proverbios 16:3

La guía

Guíame, pues eres mi roca y mi fortaleza, dirígeme por amor a tu nombre.

Salmo 31:3

Confía en el Señor de todo corazón, y no en tu propia inteligencia. Reconócelo en todos tus caminos, y él allanará tus sendas.

Proverbios 3:5–6

El Señor te guiará siempre; te saciará en tierras resecas, y fortalecerá tus huesos. Serás como jardín bien regado, como manantial cuyas aguas no se agotan.

Isaías 58:11

Jesús dijo: «Pero cuando venga el Espíritu de la verdad, él los guiará a toda la verdad.»

Juan 16:13

Señor, hazme conocer tus caminos; muéstrame tus sendas.

Salmo 25:4

Tú, Señor, eres mi lámpara; tú, Señor, iluminas mis tinieblas.

2 Samuel 22:29

Palabras de Vida Sobre

La guía

Porque el Señor da la sabiduría; conocimiento y ciencia brotan de sus labios.

Proverbios 2:6

«Porque yo sé muy bien los planes que tengo para ustedes —afirma el Señor—, planes de bienestar y no de calamidad, a fin de darles un futuro y una esperanza.»

Jeremías 29:11

Dios es quien produce en ustedes tanto el querer como el hacer para que se cumpla su buena voluntad.

Filipenses 2:13

Me infunde nuevas fuerzas. Me guía por sendas de justicia por amor a su nombre.

Salmo 23:3

Pero yo siempre estoy contigo,
pues tú me sostienes de la mano derecha.
Me guías con tu consejo,
y más tarde me acogerás en gloria.

Salmo 73:23–24

A su pueblo lo guió como a un rebaño:
los llevó por el desierto, como a ovejas,
infundiéndoles confianza par que no temieran.
Pero a sus enemigos se los tragó el mar.

Salmo 78:52–53

Palabras de Vida Sobre

La guía

¡Vengan, subamos al monte del Señor, a la casa del Dios de Jacob!, para que nos enseñe sus caminos y andemos por sus sendas.

Isaías 2:3

Así dice aquel cuyo nombre es el Señor, el que hizo la tierra, y la formó y la estableció con firmeza: "Clama a mí y te responderé, y te daré a conocer cosas grandes y ocultas que tú no sabes."

Jeremías 33:2–3

Fuente de vida es la prudencia para quien la posee.

Proverbios 16:22

El sabio sube por el sendero de vida.

Proverbios 15:24

Por tu gran amor guías al pueblo que has rescatado; por tu fuerza los llevas a tu santa morada.

Éxodo 15:13

Yo te guío por el camino de la sabiduría, te dirijo por sendas de rectitud. Cuando camines, no encontrarás obstáculos; cuando corras, no tropezarás.

Proverbios 4:11–12

PALABRAS DE VIDA SOBRE

LA GUÍA

Encamíname en tu verdad, ¡enséñame!
Tú eres mi Dios y Salvador;
¡en ti pongo mi esperanza todo el día!
Acuérdate, SEÑOR, de tu ternura y gran amor,
que siempre me has mostrado.

SALMO 25:5–6

Él dirige en la justicia a los humildes, y les enseña su camino.

SALMO 25:9

Conduciré a los ciegos por caminos desconocidos, los guiaré por senderos inexplorados; ante ellos convertiré en luz las tinieblas, y allanaré los lugares escabrosos. Esto haré, y no los abandonaré.

ISAÍAS 42:16

Si me elevara sobre las alas del alba,
o me estableciera en los extremos del mar,
aun allí tu mano me guiaría,
¡me sostendría tu mano derecha!

SALMO 139:9–10

¿CONSEJO O CONSEJERO?

A veces le preguntamos a Dios «¿por qué?», en vez de darnos respuestas, se da él mismo: el Consolador. A partir de Lucas 11:13 podemos aprender: «Pues si ustedes, aun siendo malos, saben dar cosas buenas a sus hijos, ¡cuánto más el Padre celestial dará el Espíritu Santo a quienes se lo pidan!».

Me trajo a la memoria conversaciones con mi hija Jessie sobre las razones por las que no le permitía pasar la noche en casa de una amiga: «Puedo darte mis razones, pero no te van a gustar ni las entenderás, y solo querrías discutir conmigo. Por lo tanto aceptemos que así es la cosa, y lamento mucho que te sientas triste.»

A menudo cuando le pedimos dirección a Dios, lo que en verdad queremos es un consejero. Un amigo me contó de una conversación que tuvo con su pequeño hijo poco después de mudarse a una casa nueva. «Puedes encontrar tu nuevo dormitorio en la oscuridad con solo encender las luces de cada habitación que vas pasando.» Hubo una pausa incierta, luego dijo: «¿Pero, papi, puedes acompañarme, por favor?»

MARY JANE WORDEN

La santidad

Por lo tanto, hermanos, tomando en cuenta la misericordia de Dios, les ruego que cada uno de ustedes, en adoración espiritual, ofrezca su cuerpo como sacrificio vivo, santo y agradable a Dios. No se amolden al mundo actual, sino sean transformados mediante la renovación de su mente. Así podrán comprobar cuál es la voluntad de Dios, buena, agradable y perfecta.

Romanos 12:1–2

Busquen la paz con todos, y la santidad, sin la cual nadie verá al Señor.

Hebreos 12:14

Dios no nos llamó a la impureza sino a la santidad.

1 Tesalonicenses 4:7

¿Qué te pide el Señor tu Dios? Simplemente que le temas y andes en todos sus caminos, que lo ames y le sirvas con todo tu corazón y con toda tu alma.

Deuteronomio 10:12

Sírvele de todo corazón y con buena disposición, pues el Señor escudriña todo corazón y discierne todo pensamiento. Si lo buscas, te permitirá que lo encuentres.

1 Crónicas 28:9

CREA EN MÍ

Crea en mí, Señor . . . un corazón limpio, sí. Pero Padre, más que eso. Crea en mí . . . (de la nada; pues eso es lo que significa creación) un corazón expectante. Me paro en puntillas aguardando cada momento, anticipando con júbilo lo que harás. Crea en mí un corazón entusiasta —en teo— o sea «en Dios», ¡Dios en mí, lleno de ti, Señor, hasta que se desborde! Crea en mí un corazón risueño, uno que perciba el diseño fortuito de una hoja otoñal, la bruma en las montañas y oiga la risa de un niño. Crea en mí un corazón íntegro: que sea genuino, que no predique lo que no vivo, que no trate de impresionar.

Crea en mí un corazón que cuide de otros, tierno hacia el dolor y las circunstancias de los demás, que se interese más por las necesidades de ellos que por las mías. Crea en mí un corazón atento, capaz de oír tu susurro y a cada momento oír tu voz. Crea en mí un corazón contento, en paz con las circunstancias de la vida. Crea en mí un corazón hambriento, que anhele amarte más, que desee tu Palabra, que se extienda . . . se estire . . . por obtener más de ti. Señor Creador, crea en mí. Amén.

CAROLE MAYHALL

El hogar

Jesús dijo: «Les aseguro que cualquiera que les dé un vaso de agua en mi nombre por ser ustedes de Cristo no perderá su recompensa.»

Marcos 9:41

Ya que has puesto al Señor por tu refugio, al Altísimo por tu protección, ningún mal habrá de sobrevenirte, ninguna calamidad llegará a tu hogar.

Salmo 91:9–10

Si eres puro y recto, él saldrá en tu defensa y te devolverá el lugar que te corresponde. Modestas parecerán tus primeras riquezas, comparadas con tu prosperidad futura.

Job 8:6–7

Si obedeces al Señor tu Dios, todas estas bendiciones vendrán sobre ti y te acompañarán siempre: Bendito serás en la ciudad, y bendito en el campo. Benditos serán el fruto de tu vientre, tus cosechas, las crías de tu ganado, los terneritos de tus manadas y los corderitos de tus rebaños. Benditas serán tu canasta y tu mesa de amasar. Bendito serás en el hogar, y bendito en el camino.

Deuteronomio 28:2–6

En la casa del justo hay gran abundancia.

Proverbios 15:6

PALABRAS DE VIDA SOBRE

EL HOGAR

Con sabiduría se construye la casa; con inteligencia se echan los cimientos. Con buen juicio se llenan sus cuartos de bellos y extraordinarios tesoros.

PROVERBIOS 24:3–4

Si el SEÑOR no edifica la casa, en vano se esfuerzan los albañiles.

SALMO 127:1

Grábense estas palabras en el corazón y en la mente; átenlas en sus manos como un signo, y llévenlas en su frente como una marca. Enséñenselas a sus hijos y repítanselas cuando estén en su casa y cuando anden por el camino, cuando se acuesten y cuando se levanten; escríbanlas en los postes de su casa y en los portones de sus ciudades.

DEUTERONOMIO 11:18–20

La maldición del SEÑOR cae sobre la casa del malvado; su bendición, sobre el hogar de los justos.

PROVERBIOS 3:33

Por mi parte, mi familia y yo serviremos al SEÑOR.

JOSUÉ 24:15

El SEÑOR abrirá los cielos, su generoso tesoro, . . . para bendecir todo el trabajo de tus manos.

DEUTERONOMIO 28:12

El hogar

Mujer ejemplar, ¿dónde se hallará? ¡Es más valiosa que las piedras preciosas! . . . Está atenta a la marcha de su hogar, y el pan que come no es fruto del ocio. Sus hijos se levantan y la felicitan; también su esposo la alaba.

Proverbios 31:10, 27–28

Quiero triunfar en el camino de perfección: ¿Cuándo me visitarás? Quiero conducirme en mi propia casa con integridad de corazón. No me pondré como meta nada en que haya perversidad.

Salmo 101:2–3

Cristo es la Piedra viva, rechazada por los seres humanos pero escogida y preciosa ante Dios. Al acercarse a él, también ustedes son como piedras vivas, con las cuales se está edificando una casa espiritual.

1 Pedro 2:4–5

Porque toda casa tiene su constructor, pero el constructor de todo es Dios. Moisés fue fiel como siervo en toda la casa de Dios, para dar testimonio de lo que Dios diría en el futuro. Cristo, en cambio, es fiel como Hijo al frente de la casa de Dios. Y esa casa somos nosotros, con tal que mantengamos nuestra confianza y la esperanza que nos enorgullece.

Hebreos 3:4–6

Un buen día en el hogar

Ha sido un buen día, Señor. Sí, un día muy bueno. No me di cuenta mientras transcurría. Hubo frustraciones. Me desanimé mucho al no recibir la carta por la que oré tanto. Luego sonó el teléfono, y llegaron buenas noticias.

Mi esposo está en el jardín y apoyado en el rastrillo habla con un vecino.

Los niños cruzan por el jardín. El sol es una gloria dorada que se asoma entre los árboles. Puedo sentir el aroma del estofado que se mezcla con la fragancia penetrante de hojas que se queman.

Contemplo el día con sus altas y bajas habituales. Sus momentos de angustia, sus momentos de gratitud y gozo. Y ahora, cuando llega a su fin, me remuerde la conciencia. Me doy cuenta que fue un buen día, Señor. Un magnífico día.

Estuvo lleno de vida. La magnífica vida que me diste para vivirla y para contribuir a ella. No me lo hubiera perdido por nada, ni un solo momento.

Gracias, Dios, por este día bueno.

Marjorie Holmes

Palabras de Vida Sobre
La esperanza

Cobren ánimo y ármense de valor, todos los que en el Señor esperan.

Salmo 31:24

Pero el Señor cuida de los que le temen, de los que esperan en su gran amor.

Salmo 33:18

La esperanza frustrada aflige al corazón; el deseo cumplido es un árbol de vida.

Proverbios 13:12

Yo, Señor, espero en ti; tú, Señor y Dios mío, serás quien responda.

Salmo 38:15

Ahora bien, la fe es la garantía de lo que se espera, la certeza de lo que no se ve.

Hebreos 11:1

Y ahora, Señor, ¿qué esperanza me queda? ¡Mi esperanza he puesto en ti!

Salmo 39:7

¿Por qué voy a inquietarme? ¿Por qué me voy a angustiar? En Dios pondré mi esperanza, y todavía lo alabaré. ¡Él es mi Salvador y mi Dios!

Salmo 43:5

La esperanza

Tú, Soberano Señor, has sido mi esperanza; en ti he confiado desde mi juventud.

Salmo 71:5

Y no sólo en esto, sino también en nuestros sufrimientos, porque sabemos que el sufrimiento produce perseverancia; la perseverancia, entereza de carácter; la entereza de carácter, esperanza. Y esta esperanza no nos defrauda, porque Dios ha derramado su amor en nuestro corazón por el Espíritu Santo que nos ha dado.

Romanos 5:3–5

Pero yo siempre tendré esperanza, y más y más te alabaré.

Salmo 71:14

Los que te honran se regocijan al verme, porque he puesto mi esperanza en tu palabra.

Salmo 119:74

De hecho, todo lo que se escribió en el pasado se escribió para enseñarnos, a fin de que, alentados por las Escrituras, perseveremos en mantener nuestra esperanza.

Romanos 15:4

Palabras de Vida Sobre

La esperanza

Que tu gran amor, Señor, nos acompañe, tal como lo esperamos de ti.

Salmo 33:22

Así tú, Israel, espera al Señor. Porque en él hay amor inagotable; en él hay plena redención.

Salmo 130:7

Dichoso aquel cuya ayuda es el Dios de Jacob, cuya esperanza está en el Señor su Dios, creador del cielo y de la tierra, del mar y de todo cuanto hay en ellos, y que siempre mantiene la verdad.

Salmo 146:5–6

Pero algo más me viene a la memoria, lo cual me llena de esperanza: El gran amor del Señor nunca se acaba, y su compasión jamás se agota . . . Bueno es el Señor con quienes en él confían, con todos los que lo buscan

Lamentaciones 3:21–22, 25

Que el Dios de la esperanza los llene de toda alegría y paz a ustedes que creen en él, para que rebosen de esperanza por el poder del Espíritu Santo.

Romanos 15:13

Palabras de Vida Sobre

La esperanza

Los recordamos constantemente delante de nuestro Dios y Padre a causa de la obra realizada por su fe, el trabajo motivado por su amor, y la constancia sostenida por su esperanza en nuestro Señor Jesucristo.

1 Tesalonicenses 1:3

Que nuestro Señor Jesucristo mismo y Dios nuestro Padre, que nos amó y por su gracia nos dio consuelo eterno y una buena esperanza, los anime y les fortalezca el corazón, para que tanto en palabra como en obra hagan todo lo que sea bueno.

2 Tesalonicenses 2:16–17

Tenemos como firme y segura ancla del alma una esperanza que penetra hasta detrás de la cortina del santuario.

Hebreos 6:19

Estén siempre preparados para responder a todo el que les pida razón de la esperanza que hay en ustedes.

1 Pedro 3:15

Alégrense en la esperanza, muestren paciencia en el sufrimiento, perseveren en la oración.

Romanos 12:12

Palabras de Vida Sobre

La esperanza

En consecuencia, ya que hemos sido justificados mediante la fe, tenemos paz con Dios por medio de nuestro Señor Jesucristo. También por medio de él, y mediante la fe, tenemos acceso a esta gracia en la cual nos mantenemos firmes. Así que nos regocijamos en la esperanza de alcanzar la gloria de Dios.

Romanos 5:1–2

Porque en esa esperanza fuimos salvados. Pero la esperanza que se ve, ya no es esperanza. ¿Quién espera lo que ya tiene? Pero si esperamos lo que todavía no tenemos, en la espera mostramos nuestra constancia.

Romanos 8:24–25

¿Por qué voy a inquietarme?
¿Por qué me voy a angustiar?
En Dios pondré mi esperanza,
y todavía lo alabaré.
¡Él es mi Salvador y mi Dios!

Salmo 42:11

¡Alabado sea Dios, Padre de nuestro Señor Jesucristo! Por su gran misericordia, nos ha hecho nacer de nuevo mediante la resurrección de Jesucristo, para que tengamos una esperanza viva.

1 Pedro 1:3

Alegría en la esperanza

Me pregunto por qué Dios nos pide que nos alegremos en la esperanza. Entiendo por qué nos recuerda que debemos perseverar en la oración: es muy frecuente que en las dificultades descuidemos la oración. También entiendo por qué Dios nos pide que mostremos paciencia en el sufrimiento: es difícil tener paciencia en el sufrimiento.

Pero, ¿por qué dice Dios que nos alegremos en la esperanza? Obviamente, muchas veces carecemos de alegría en la esperanza. Piensa en esto. El objeto de nuestra esperanza aún no se cumplió: todavía no es nuestro lo que esperamos. ¡Concordarás conmigo que cuesta estar alegre por algo que aún no poseemos!

Acostada en la cama entendí que Dios quiere que esté alegre por cosas futuras. De la misma manera que se nos ordena perseverar en la oración y mostrar paciencia en el sufrimiento, debemos también alegrarnos en la esperanza. ¿Cómo puede Dios ordenar que nos alegremos? Se torna fácil en cuanto entendemos lo que hay más allá del horizonte celestial.

¿Se te ilumina el rostro con una sonrisa cuando piensas en glorias celestiales? ¿Te reanima hablar del regreso del Señor? El cielo te parecerá más cercano y real al estimular la alegría que nace de tu esperanza. Y recuerda, es un mandamiento para tu propio bien.

Joni Eareckson Tada

Palabras de Vida Sobre
La hospitalidad

Jesús dijo: «Porque tuve hambre, y ustedes me dieron de comer; tuve sed, y me dieron de beber; fui forastero, y me dieron alojamiento; necesité ropa, y me vistieron; estuve enfermo, y me atendieron; estuve en la cárcel, y me visitaron.» Y le contestarán los justos: "Señor, ¿cuándo te vimos hambriento y te alimentamos, o sediento y te dimos de beber? ¿Cuándo te vimos como forastero y te dimos alojamiento, o necesitado de ropa y te vestimos? ¿Cuándo te vimos enfermo o en la cárcel y te visitamos?" El Rey les responderá: "Les aseguro que todo lo que hicieron por uno de mis hermanos, aun por el más pequeño, lo hicieron por mí."

Mateo 25:35–40

Ayuden a los hermanos necesitados. Practiquen la hospitalidad.

Romanos 12:13

También dijo Jesús al que lo había invitado:
—Cuando des una comida o una cena, no invites a tus amigos, ni a tus hermanos, ni a tus parientes, ni a tus vecinos ricos; no sea que ellos, a su vez, te inviten y así seas recompensado. Más bien, cuando des un banquete, invita a los pobres, a los inválidos, a los cojos y a los ciegos. Entonces serás dichoso, pues aunque ellos no tienen con qué recompensarte, serás recompensado en la resurrección de los justos.

Lucas 14:12–14

La hospitalidad

El ayuno que he escogido, ¿no es más bien romper las cadenas de injusticia y desatar las correas del yugo, poner en libertad a los oprimidos y romper toda atadura? ¿No es acaso el ayuno compartir tu pan con el hambriento y dar refugio a los pobres sin techo, vestir al desnudo y no dejar de lado a tus semejantes? Si así procedes, tu luz despuntará como la aurora, y al instante llegará tu sanidad; tu justicia te abrirá el camino, y la gloria del Señor te seguirá.

Isaías 58:6–8

Debe ser hospitalario, amigo del bien, sensato, justo, santo y disciplinado.

Tito 1:8

No se olviden de practicar la hospitalidad, pues gracias a ella algunos, sin saberlo, hospedaron ángeles.

Hebreos 13:2

Practiquen la hospitalidad entre ustedes sin quejarse.

1 Pedro 4:9

El que presta algún servicio, hágalo como quien tiene el poder de Dios. Así Dios será en todo alabado por medio de Jesucristo.

1 Pedro 4:11

Palabras de Vida Sobre

La hospitalidad

Abraham alzó la vista, y vio a tres hombres de pie cerca de él. Al verlos, corrió desde la entrada de la carpa a saludarlos. Inclinándose hasta el suelo, dijo:

—Mi señor, si este servidor suyo cuenta con su favor, le ruego que no me pase de largo. Haré que les traigan un poco de agua para que ustedes se laven los pies, y luego podrán descansar bajo el árbol. Ya que han pasado por donde está su servidor, déjenme traerles algo de comer para que se sientan mejor antes de seguir su camino.

—¡Está bien —respondieron ellos—, hazlo así!

Génesis 18:2–5

Nosotros, por lo tanto, debemos brindarles hospitalidad, y así colaborar con ellos en la verdad.

3 Juan 8

No se olviden de hacer el bien y de compartir con otros lo que tienen, porque ésos son los sacrificios que agradan a Dios.

Hebreos 13:16

SE NECESITA HOSPITALIDAD, NO RIQUEZA

Algunos sentimos que la falta de dinero es lo que nos retiene. Gedeón respondió al Señor: «Pero, Señor . . . ¿cómo voy a salvar a Israel? Mi clan es el más débil de la tribu de Manasés, y yo soy el más insignificante de mi familia» (Jueces 6:15). Sin respaldo financiero, Gedeón se convirtió en un profeta sabio por el poder imponente de Dios.

Muchos cristianos amorosos me han dicho que no pueden invitar amigos a la casa por no tener porcelana fina o servilletas que hagan juego, porque la casa es muy pequeña o por no tener gran arte. Sin embargo, estas solo son excusas para disculpar nuestra falta de disposición de cumplir lo que Dios nos pidió. «Practiquen la hospitalidad entre ustedes sin quejarse» (1 Pedro 4:9). Me encantaría comer un emparedado de mantequilla de maní si alguien lo preparara y me lo diera.

El mundo nos dice que nos hace falta dinero para ser felices, pero como Dios le dijo a Gedeón: «Yo estaré contigo» (Jueces 6:16). ¿Acaso no debiera su presencia ser garantía suficiente?

FLORENCE LITTAUER

La alegría

La luz se esparce sobre los justos, y la alegría sobre los rectos de corazón.

Salmo 97:11

Pondrá de nuevo risas en tu boca, y gritos de alegría en tus labios.

Job 8:21

Porque sólo un instante dura su enojo, pero toda una vida su bondad. Si por la noche hay llanto, por la mañana habrá gritos de alegría.

Salmo 30:5

¡Alégrense, ustedes los justos; regocíjense en el Señor! ¡canten todos ustedes, los rectos de corazón!

Salmo 32:11

Que todos los que te buscan se alegren en ti y se regocijen; que los que aman tu salvación digan siempre «¡Sea Dios exaltado!»

Salmo 70:4

Volverán los rescatados del Señor, y entrarán en Sión con cánticos de júbilo; su corona será el gozo eterno. Se llenarán de regocijo y alegría, y se apartarán de ellos el dolor y los gemidos.

Isaías 51:11

Palabras de Vida Sobre
La alegría

Pero que se alegren todos los que en ti buscan refugio; ¡que canten siempre jubilosos! Extiende tu protección, y que en ti se regocijen todos los que aman tu nombre.

Salmo 5:11

Aclamen alegres al Señor, habitantes de toda la tierra; adoren al Señor con regocijo. Preséntense ante él con cánticos de júbilo.

Salmo 100:1–2

Me regocijo en el camino de tus estatutos más que en todas las riquezas.

Salmo 119:14

Tus estatutos son mi herencia permanente; son el regocijo de mi corazón.

Salmo 119:111

El futuro de los justos es halagüeño.

Proverbios 10:28

Ustedes saldrán con alegría y serán guiados en paz. A su paso, las montañas y las colinas prorrumpirán en gritos de júbilo y aplaudirán todos los árboles del bosque.

Isaías 55:12

La alegría

Alégrense, hijos de Sión, regocíjense en el Señor su Dios, que a su tiempo les dará las lluvias de otoño. Les enviará la lluvia, la de otoño y la de primavera, como en tiempos pasados.

Joel 2:23

No se alegren de que puedan someter a los espíritus, sino alégrense de que sus nombres están escritos en el cielo.

Lucas 10:20

Jesús dijo: «Hasta ahora no han pedido nada en mi nombre. Pidan y recibirán, para que su alegría sea completa.»

Juan 16:24

Hermanos míos, considérense muy dichosos cuando tengan que enfrentarse con diversas pruebas, pues ya saben que la prueba de su fe produce constancia.

Santiago 1:2–3

Me has dado a conocer los caminos de la vida; me llenarás de alegría en tu presencia.

Hechos 2:28

Porque el reino de Dios no es cuestión de comidas o bebidas sino de justicia, paz y alegría en el Espíritu Santo.

Romanos 14:17

Palabras de Vida Sobre
La alegría

Les he dicho esto para que tengan mi alegría y así su alegría sea completa.

Juan 15:11

Alégrense siempre en el Señor. Insisto: ¡Alégrense!

Filipenses 4:4

Estén siempre alegres.

1 Tesalonicenses 5:16

Que el Dios de la esperanza los llene de toda alegría y paz a ustedes que creen en él, para que rebosen de esperanza por el poder del Espíritu Santo.

Romanos 15:13

Este día ha sido consagrado a nuestro Señor. No estén tristes, pues el gozo del Señor es nuestra fortaleza.»

Nehemías 8:10

Me deleito mucho en el Señor; me regocijo en mi Dios. Porque él me vistió con ropas de salvación y me cubrió con el manto de la justicia. Soy semejante a un novio que luce su diadema, o una novia adornada con sus joyas.

Isaías 61:10

Palabras de Vida Sobre

La alegría

¡Haz, Señor, que sobre nosotros brille la luz
de tu rostro!
Tú has hecho que mi corazón rebose de
alegría, alegría mayor que la que tienen los
que disfrutan de trigo y vino en abundancia.

Salmo 4:6–7

En él se regocija nuestro corazón, porque
confiamos en su santo nombre.

Salmo 33:21

Jesús dijo: «Cuando vuelva a verlos se alegrarán, y
nadie les va a quitar esa alegría.»

Juan 16:22

A la sombra de tus alas cantaré,
porque tú eres mi ayuda.

Salmo 63:7

Me has dado a conocer la senda de la vida;
me llenarás de alegría en tu presencia,
y de dicha eterna a tu derecha.

Salmo 16:11

El Señor es mi fuerza y mi escudo;
mi corazón en él confía; de él recibo ayuda.
Mi corazón salta de alegría,
y con cánticos le daré gracias.

Salmo 28:7

La alegría

La fuente de alegría

Hallamos que las circunstancias afectan nuestra alegría en gran manera. Cuando todo marcha sobre ruedas irradiamos un espíritu alegre. Pero ¿qué ocurre cuando todo va mal, cuando nuestro mundo parece desmoronarse a nuestro alrededor? Pareciera que nuestra alegría «se va por la borda».

La fuente de alegría verdadera es el Señor. Hay una diferencia entre la alegría que proviene de circunstancias tranquilas y la alegría del Señor que es constante y perdura día tras día, cualquiera que sean las circunstancias que nos rodean.

En la Palabra de Dios leemos de las nueve virtudes cristianas que son fruto del Espíritu: «En cambio, el fruto del Espíritu es amor, alegría, paz, paciencia, amabilidad, bondad, fidelidad, humildad y dominio propio» (Gálatas 5:22-23). Pudiera ilustrarse de la siguiente manera: Una flor tiene cierta cantidad de pétalos, y cada pétalo es una parte esencial de la flor completa. La alegría es uno de los «pétalos» del fruto del Espíritu, y sin ella no somos cristianos completos.

El gozo del Señor nos transforma y nos da una alegría y un júbilo que no dependen de nuestras circunstancias externas, sino que provienen de la presencia de Cristo en nuestro corazón. Se dice con acierto: «La alegría es la bandera que flamea en el castillo del corazón cuando el Rey reside allí».

Millie Stamm

Palabras de Vida Sobre

La bondad

Así dice el SEÑOR Todopoderoso: «Juzguen con verdadera justicia; muestren amor y compasión los unos por los otros. No opriman a las viudas ni a los huérfanos, ni a los extranjeros ni a los pobres.

ZACARÍAS 7:9–10

Al que te pida, dale; y al que quiera tomar de ti prestado, no le vuelvas la espalda.

MATEO 5:42

Ayúdense unos a otros a llevar sus cargas, y así cumplirán la ley de Cristo.

GÁLATAS 6:2

Por lo tanto, siempre que tengamos la oportunidad, hagamos bien a todos, y en especial a los de la familia de la fe.

GÁLATAS 6:10

Sean bondadosos y compasivos unos con otros.

EFESIOS 4:32

Por lo tanto, como escogidos de Dios, santos y amados, revístanse de afecto entrañable y de bondad, humildad, amabilidad y paciencia.

COLOSENSES 3:12

Palabras de Vida Sobre

La bondad

Rut se inclinó hacia la tierra, se postró sobre su rostro y exclamó:

—¿Cómo es que le he caído tan bien a usted, hasta el punto de fijarse en mí, siendo sólo una extranjera?

—Ya me han contado —le respondió Booz— todo lo que has hecho por tu suegra desde que murió tu esposo; cómo dejaste padre y madre, y la tierra donde naciste, y viniste a vivir con un pueblo que antes no conocías. ¡Que el SEÑOR te recompense por lo que has hecho! Que el SEÑOR, Dios de Israel, bajo cuyas alas has venido a refugiarte, te lo pague con creces.

RUT 2:10–12

Pero cuando se manifestaron la bondad y el amor de Dios nuestro Salvador, él nos salvó, no por nuestras propias obras de justicia sino por su misericordia.

TITO 3:4–5

Jesús dijo: «Y quien dé siquiera un vaso de agua fresca a uno de estos pequeños por tratarse de uno de mis discípulos, les aseguro que no perderá su recompensa.»

MATEO 10:42

El amor es paciente, es bondadoso. El amor no es envidioso ni jactancioso ni orgulloso.

1 CORINTIOS 13:4

Palabras de Vida Sobre
La bondad

Así que en todo traten ustedes a los demás tal y como quieren que ellos los traten a ustedes. De hecho, esto es la ley y los profetas.

MATEO 7:12

Que el SEÑOR las trate a ustedes con el mismo amor y lealtad que ustedes han mostrado . . . conmigo.

RUT 1:8

Y si todavía estoy vivo cuando el SEÑOR te muestre su bondad, te pido que también tú seas bondadoso conmigo.

1 SAMUEL 20:14

Con amor eterno te tendré compasión —dice el SEÑOR, tu Redentor—.

ISAÍAS 54:8

El SEÑOR es clemente y compasivo,
lento para la ira y grande en amor.
No sostiene para siempre su querella
ni guarda rencor eternamente.

SALMO 103:8–9

Bondad de botiquín

Ayer sonó el timbre, y un joven aterrorizado que estaba dando saltos en el umbral de mi casa intentaba decirme que su amigo estaba a punto de morir desangrado en la calle... Corrí hasta el lugar del accidente, donde la víctima acababa de safarse de los hierros retorcidos de su bicicleta. A juzgar por sus gemidos pensé que se había cortado la pierna.

De alguna manera logré llevarlo a mi baño para lavarle las heridas. Solo se raspó la postilla de una herida anterior. Con solemnidad inventé un vendaje de aspecto impresionante y, sin perder tiempo volvió a las andadas, completamente curado.

Ya sea una pequeña cortada en un dedo regordete o un cáncer que ataca haciendo estragos en un cuerpo, el dolor exige prioridad. ¿Por qué entonces vacilo en dar consolación? ¿Acaso es necesario que sufra a nivel físico, mental, emocional o espiritual para aprender el valor curativo de una caricia tranquilizadora, una lágrima compartida, un corazón compasivo, una palabra comprensiva?

Ciertamente hago bien en mantener mi botiquín de primeros auxilios bien provisto de amor y compasión además de vendas, pues nunca sé cuando se me llamará a lidiar con una tragedia ni cuando una tragedia pueda presentarse a lidiar conmigo.

Alma Barkman

Palabras de Vida Sobre

El escuchar

Ésta es la confianza que tenemos al acercarnos a Dios: que si pedimos conforme a su voluntad, él nos oye. Y si sabemos que Dios oye todas nuestras oraciones, podemos estar seguros de que ya tenemos lo que le hemos pedido.

1 Juan 5:14–15

Escúchenme bien, y comerán lo que es bueno, y se deleitarán con manjares deliciosos. Presten atención y vengan a mí, escúchenme y vivirán.

Isaías 55:2–3

El que me obedezca vivirá tranquilo, sosegado y sin temor del mal.

Proverbios 1:33

Pon atención a mi sabiduría y presta oído a mi buen juicio, para que al hablar mantengas la discreción y retengas el conocimiento.

Proverbios 5:1–2

Por eso, como dice el Espíritu Santo: «Si ustedes oyen hoy su voz, no endurezcan el corazón.

Hebreos 3:7–8

El que atiende a la crítica edificante habitará entre los sabios.

Proverbios 15:31

El escuchar

Jesús dijo: «Todo el que escucha al Padre y aprende de él, viene a mí.»

Juan 6:45

Nosotros somos de Dios, y todo el que conoce a Dios nos escucha; pero el que no es de Dios no nos escucha. Así distinguimos entre el Espíritu de la verdad y el espíritu del engaño.

1 Juan 4:6

Jesús dijo: «Mira que estoy a la puerta y llamo. Si alguno oye mi voz y abre la puerta, entraré, y cenaré con él, y él conmigo.»

Apocalipsis 3:20

Jesús dijo: «Mis ovejas oyen mi voz; yo las conozco y ellas me siguen.»

Juan 10:27

Jesús dijo: «El que entra por la puerta es el pastor de las ovejas. El portero le abre la puerta, y las ovejas oyen su voz. Llama por nombre a las ovejas y las saca del redil. Cuando ya ha sacado a todas las que son suyas, va delante de ellas, y las ovejas lo siguen porque reconocen su voz».

Juan 10:2–4

El escuchar

El Señor le ordenó:
—Sal y preséntate ante mí en la montaña, porque estoy a punto de pasar por allí.
Como heraldo del Señor vino un viento recio, tan violento que partió las montañas e hizo añicos las rocas; pero el Señor no estaba en el viento. Al viento lo siguió un terremoto, pero el Señor tampoco estaba en el terremoto. Tras el terremoto vino un fuego, pero el Señor tampoco estaba en el fuego. Y después del fuego vino un suave murmullo. Cuando Elías lo oyó, se cubrió el rostro con el manto y, saliendo, se puso a la entrada de la cueva.

1 Reyes 19:11–13

El que escucha la palabra pero no la pone en práctica es como el que se mira el rostro en un espejo y, después de mirarse, se va y se olvida en seguida de cómo es.

Santiago 1:23–24

Dios, que muchas veces y de varias maneras habló a nuestros antepasados en otras épocas por medio de los profetas, en estos días finales nos ha hablado por medio de su Hijo. A éste lo designó heredero de todo, y por medio de él hizo el universo.

Hebreos 1:1–2

Por eso es necesario que prestemos más atención a lo que hemos oído, no sea que perdamos el rumbo.

Hebreos 2:1

Deja de hablar y escucha

Sucede muchas veces, que cuando te encuentras con una amiga o con alguien que no vez desde hace tiempo, sin darte cuenta, el aire queda saturado de comentarios acerca de... ti. Con vergüenza, te das cuenta que no dejas de hablar de tu persona y que casi se te olvidó incluir a tu amiga o incluso a Dios en la conversación. ¡Quién pudiera ser moderada en el uso de las palabras!

Por esta razón me encanta viajar con mi esposo o mis mejores amigos. Podemos relajarnos y permanecer en silencio cuando estamos juntos. Nada de conversaciones forzadas. No hace falta saturar el aire de palabras huecas. Qué bendición es poder sentarse con un ser querido sonreír de vez en cuando y gozar juntos de la quietud.

Cuando dejas de hablar lo suficiente para poder escuchar, aprendes lo siguiente: solo en silencio se puede filtrar lo que se oye desde la mente al corazón. Solo en silencio puedes oír el latido del corazón de Dios y el suave susurro de su voz. En la quietud tienes percepción de cosas espirituales que superan ampliamente las palabras.

Si te encuentras hoy con un amigo hagan un esfuerzo concertado para hablar menos y escuchar más. Tal vez obre maravillas en tu amistad. Esta noche cuando te vayas a dormir formula una oración más breve, y dedica más tiempo al simple hecho de escuchar a Dios.

Joni Eareckson Tada

Palabras de Vida Sobre

El amor

Jesús dijo: «Y éste es mi mandamiento: que se amen los unos a los otros, como yo los he amado».

JUAN 15:12

Ámense los unos a los otros con amor fraternal, respetándose y honrándose mutuamente.

ROMANOS 12:10

No seas vengativo con tu prójimo, ni le guardes rencor. Ama a tu prójimo como a ti mismo.

LEVÍTICO 19:18

No se valgan de esa libertad para dar rienda suelta a sus pasiones. Más bien sírvanse unos a otros con amor. En efecto, toda la ley se resume en un solo mandamiento: «Ama a tu prójimo como a ti mismo.»

GÁLATAS 5:13–14

¡Cuán bueno y cuán agradable es que los hermanos convivan en armonía!

SALMO 133:1

Lleven una vida de amor, así como Cristo nos amó y se entregó por nosotros como ofrenda y sacrificio fragante para Dios.

EFESIOS 5:2

El amor

Que el Señor los haga crecer para que se amen más y más unos a otros, y a todos, tal como nosotros los amamos a ustedes.

1 Tesalonicenses 3:12

Dios mismo les ha enseñado a amarse unos a otros.

1 Tesalonicenses 4:9

Sigan amándose unos a otros fraternalmente.

Hebreos 13:1

Hacen muy bien si de veras cumplen la ley suprema de la Escritura: «Ama a tu prójimo como a ti mismo».

Santiago 2:8

El odio es motivo de disensiones, pero el amor cubre todas las faltas.

Proverbios 10:12

Vivan en armonía los unos con los otros; compartan penas y alegrías, practiquen el amor fraternal, sean compasivos y humildes. No devuelvan mal por mal ni insulto por insulto; más bien, bendigan, porque para esto fueron llamados, para heredar una bendición.

1 Pedro 3:8–9

Palabras de Vida Sobre
El amor

Jesús dijo: «Este mandamiento nuevo les doy: que se amen los unos a los otros. Así como yo los he amado, también ustedes deben amarse los unos a los otros. De este modo todos sabrán que son mis discípulos, si se aman los unos a los otros.»

Juan 13:34–35

Ahora que se han purificado obedeciendo a la verdad y tienen un amor sincero por sus hermanos, ámense de todo corazón los unos a los otros.

1 Pedro 1:22

Queridos hermanos, amémonos los unos a los otros, porque el amor viene de Dios, y todo el que ama ha nacido de él y lo conoce. El que no ama no conoce a Dios, porque Dios es amor.

1 Juan 4:7–8

Nadie ha visto jamás a Dios, pero si nos amamos los unos a los otros, Dios permanece entre nosotros, y entre nosotros su amor se ha manifestado plenamente.

1 Juan 4:12

Y él nos ha dado este mandamiento: el que ama a Dios, ame también a su hermano.

1 Juan 4:21

Lo que vale es la fe que actúa mediante el amor.

Gálatas 5:6

El amor

Si hablo en lenguas humanas y angelicales, pero no tengo amor, no soy más que un metal que resuena o un platillo que hace ruido. Si tengo el don de profecía y entiendo todos los misterios y poseo todo conocimiento, y si tengo una fe que logra trasladar montañas, pero me falta el amor, no soy nada. Si reparto entre los pobres todo lo que poseo, y si entrego mi cuerpo para que lo consuman las llamas, pero no tengo amor, nada gano con eso. El amor es paciente, es bondadoso. El amor no es envidioso ni jactancioso ni orgulloso. No se comporta con rudeza, no es egoísta, no se enoja fácilmente, no guarda rencor. El amor no se deleita en la maldad sino que se regocija con la verdad. Todo lo disculpa, todo lo cree, todo lo espera, todo lo soporta. El amor jamás se extingue, mientras que el don de profecía cesará, el de lenguas será silenciado y el de conocimiento desaparecerá.

1 Corintios 13:1–8

El fruto del Espíritu es amor, alegría, paz, paciencia, amabilidad, bondad, fidelidad.

Gálatas 5:22

Dios no nos ha dado un espíritu de timidez, sino de poder, de amor y de dominio propio.

2 Timoteo 1:7

El amor

En el amor no hay temor, sino que el amor perfecto echa fuera el temor.

1 Juan 4:18

Porque tanto amó Dios al mundo, que dio a su Hijo unigénito, para que todo el que cree en él no se pierda, sino que tenga vida eterna.

Juan 3:16

En esto conocemos lo que es el amor: en que Jesucristo entregó su vida por nosotros. Así también nosotros debemos entregar la vida por nuestros hermanos.

1 Juan 3:16

Sobre todo, ámense los unos a los otros profundamente, porque el amor cubre multitud de pecados.

1 Pedro 4:8

Manténganse en el amor de Dios . . . mientras esperan que nuestro Señor Jesucristo, en su misericordia, les conceda vida eterna.

Judas 21–22

Reciban misericordia, paz y amor en abundancia.

Judas 2

Nosotros amamos a Dios porque él nos amó primero.

1 Juan 4:19

Los idiomas del amor

Junio es el mes del romance, pero el idioma del amor de mi esposo no incluye caminatas románticas a la luz de la luna tomados de la mano. A Ken no le gustan las sensiblerías. Su idea de actividad romántica es mirar juntos un partido de baloncesto. Pero no me quejo. He aprendido a estimar su idioma de amor.

También he aprendido el idioma del amor del Señor. Cuando le digo a Jesús que lo amo, no tiene nada que ver con romance. Pero ¿pasión? ¡Sí! Mi amor por Jesús no es un sentimiento almibarado, pero sí es celoso y ferviente, vehemente e intenso. Cuando lo alabo, creo que merece una adoración llena de calor y afecto. Cuando le canto quiero que la melodía proceda directamente del corazón.

Este es el idioma de amor entre Dios y su creación. Debemos amarle de esta manera porque así nos ama él. Amar al punto de dar la vida es pasión con «P» mayúscula. Así debemos amar a nuestros hermanos.

El desarrollo de un diestro idioma de amor para el Señor te costará algo. Te costará tu orgullo y, lo más preciado de todo, tu lógica humana. Echa tu precaución por la borda e invita al Espíritu de Dios a llenar tu corazón con el calor y la pasión de la alabanza.

Joni Eareckson Tada

Palabras de Vida Sobre

La obediencia

En esto consiste el amor: en que pongamos en práctica sus mandamientos. Y éste es el mandamiento: que vivan en este amor, tal como ustedes lo han escuchado desde el principio.

2 Juan 6

Sólo al Señor nuestro Dios serviremos, y sólo a él obedeceremos.

Josué 24:24

Si andas por mis sendas y obedeces mis decretos y mandamientos . . . te daré una larga vida.

1 Reyes 3:14

Así, cuando amamos a Dios y cumplimos sus mandamientos, sabemos que amamos a los hijos de Dios. En esto consiste el amor a Dios: en que obedezcamos sus mandamientos. Y éstos no son difíciles de cumplir.

1 Juan 5:2–3

Pero el amor del Señor es eterno y siempre está con los que le temen; su justicia está con los hijos de sus hijos, con los que cumplen su pacto y se acuerdan de sus preceptos para ponerlos por obra.

Salmo 103:17–18

Dichosos los que guardan sus estatutos y de todo corazón lo buscan. Jamás hacen nada malo, sino que siguen los caminos de Dios.

Salmo 119:2–3

Palabras de Vida Sobre

La obediencia

Jesús dijo: «¿Quién es el que me ama? El que hace suyos mis mandamientos y los obedece. Y al que me ama, mi Padre lo amará, y yo también lo amaré y me manifestaré a él.»

Juan 14:21

Aparto mis pies de toda mala senda para cumplir con tu palabra.

Salmo 119:101

Lo que importa es cumplir los mandatos de Dios.

1 Corintios 7:19

Obedézcanme. Así yo seré su Dios, y ustedes serán mi pueblo. Condúzcanse conforme a todo lo que yo les ordene, a fin de que les vaya bien.

Jeremías 7:23

¡Es necesario obedecer a Dios antes que a los hombres!

Hechos 5:29

No se contenten sólo con escuchar la palabra, pues así se engañan ustedes mismos. Llévenla a la práctica. El que escucha la palabra pero no la pone en práctica es como el que se mira el rostro en un espejo y, después de mirarse, se va y se olvida en seguida de cómo es.

Santiago 1:22–24

Palabras de Vida Sobre
La obediencia

Hoy has declarado que el Señor es tu Dios y que andarás en sus caminos, que prestarás oído a su voz y que cumplirás sus preceptos, mandamientos y normas.

Deuteronomio 26:17

Amarlo con todo el corazón, con todo el entendimiento y con todas las fuerzas, y amar al prójimo como a uno mismo, es más importante que todos los holocaustos y sacrificios.

Marcos 12:33

¿Qué te pide el Señor tu Dios? Simplemente que le temas y andes en todos sus caminos, que lo ames y le sirvas con todo tu corazón y con toda tu alma, y que cumplas los mandamientos y los preceptos que hoy te manda cumplir, para que te vaya bien.

Deuteronomio 10:12–13

Por toda la eternidad obedeceré fielmente tu ley.

Salmo 119:44

Obedezcan mis estatutos y pónganlos por obra. Yo soy el Señor, que los santifica.

Levítico 20:8

La bendición de la obediencia

Con cuánta frecuencia en el transcurso de un día resuena la orden «¡cierra la puerta!», particularmente en el verano. Hacemos esto para impedir la entrada de insectos, mascotas y calor.

La mujer en 2 Reyes 4 tenía una necesidad doble de cerrar la puerta. Un acreedor vino a llevarse a sus dos hijos como esclavos. Los encerró impidiendo así que entrara el mundo que los rodeaba. Esta crisis hizo necesaria nada más y nada menos que una intervención de lo alto, y no tenía la más mínima intención de permitir que los intereses externos le robaran la respuesta a su oración ferviente. En su extrema necesidad, con gusto hizo caso a la voz de Eliseo, el hombre de Dios. La abundancia de aceite que proveyó Dios suplió su necesidad de pagar deudas.

Bien podríamos preguntarnos lo que habría sucedido si hubiera hecho todo lo demás que le ordenó Dios, pero dejando la puerta abierta. La distracción y posiblemente la burla podrían haberla motivado a abandonar las instrucciones que le diera el profeta. Solo podemos especular, pero sí sabemos que a menos que cerremos la puerta adrede para eliminar el ruido del mundo, será escasa la oportunidad de oír la voz de Dios.

Jeanette Lockerbie

Palabras de Vida Sobre

La paciencia

Todos deben estar listos para escuchar, y ser lentos para hablar y para enojarse.

Santiago 1:19

Bueno es esperar calladamente a que el Señor venga a salvarnos.

Lamentaciones 3:26

Pon tu esperanza en el Señor; ten valor, cobra ánimo; ¡pon tu esperanza en el Señor!

Salmo 27:14

Alégrense en la esperanza, muestren paciencia en el sufrimiento, perseveren en la oración.

Romanos 12:12

La prueba de su fe produce constancia. Y la constancia debe llevar a feliz término la obra, para que sean perfectos e íntegros, sin que les falte nada.

Santiago 1:3–4

Pero si esperamos lo que todavía no tenemos, en la espera mostramos nuestra constancia.

Romanos 8:25

Ustedes necesitan perseverar para que, después de haber cumplido la voluntad de Dios, reciban lo que él ha prometido.

Hebreos 10:36

Palabras de Vida Sobre
La paciencia

Por tanto, hermanos, tengan paciencia hasta la venida del Señor. Miren cómo espera el agricultor a que la tierra dé su precioso fruto y con qué paciencia aguarda las temporadas de lluvia. Así también ustedes, manténganse firmes y aguarden con paciencia la venida del Señor, que ya se acerca.

Santiago 5:7–8

No nos cansemos de hacer el bien, porque a su debido tiempo cosecharemos si no nos damos por vencidos.

Gálatas 6:9

Vivan de una manera digna del llamamiento que han recibido, siempre humildes y amables, pacientes, tolerantes unos con otros en amor.

Efesios 4:1–2

Vivan de manera digna del Señor, agradándole en todo. Esto implica dar fruto en toda buena obra, crecer en el conocimiento de Dios y ser fortalecidos en todo sentido con su glorioso poder. Así perseverarán con paciencia en toda situación.

Colosenses 1:10–11

El fruto del Espíritu es amor, alegría, paz, paciencia, amabilidad, bondad, fidelidad, humildad y dominio propio. No hay ley que condene estas cosas.

Gálatas 5:22–23

Palabras de Vida Sobre
La paciencia

Pero tú, Señor, eres Dios clemente y compasivo, lento para la ira, y grande en amor y verdad.

Salmo 86:15

Por eso el Señor los espera, para tenerles piedad; por eso se levanta para mostrarles compasión. Porque el Señor es un Dios de justicia. ¡Dichosos todos los que en él esperan!

Isaías 30:18

Pero precisamente por eso Dios fue misericordioso conmigo, a fin de que en mí, el peor de los pecadores, pudiera Cristo Jesús mostrar su infinita bondad.

1 Timoteo 1:16

El Señor no tarda en cumplir su promesa, según entienden algunos la tardanza. Más bien, él tiene paciencia con ustedes, porque no quiere que nadie perezca sino que todos se arrepientan.

2 Pedro 3:9

Puse en el Señor toda mi esperanza;
él se inclinó hacia mí y escuchó mi clamor.

Salmo 40:1

Vale más la paciencia que la arrogancia.

Eclesiastés 7:8

Palabras de Vida Sobre

La paciencia

La parte que cayó en buen terreno son los que oyen la palabra con corazón noble y bueno, y la retienen; y como perseveran, producen una buena cosecha.

Lucas 8:15

[El amor] todo lo disculpa, todo lo cree, todo lo espera, todo lo soporta.

1 Corintios 13:7

Los recordamos constantemente delante de nuestro Dios y Padre a causa de la obra realizada por su fe, el trabajo motivado por su amor, y la constancia sostenida por su esperanza en nuestro Señor Jesucristo.

1 Tesalonicenses 1:3

De hecho, todo lo que se escribió en el pasado se escribió para enseñarnos, a fin de que, alentados por las Escrituras, perseveremos en mantener nuestra esperanza. Que el Dios que infunde aliento y perseverancia les conceda vivir juntos en armonía, conforme al ejemplo de Cristo Jesús.

Romanos 15:4–5

Por lo tanto, como escogidos de Dios, santos y amados, revístanse de afecto entrañable y de bondad, humildad, amabilidad y paciencia.

Colosenses 3:12

Palabras de Vida Sobre
La paciencia

Predica la Palabra; persiste en hacerlo, sea o no sea oportuno; corrige, reprende y anima con mucha paciencia, sin dejar de enseñar.

2 Timoteo 4:2

Manténganse en el amor de Dios . . . mientras esperan que nuestro Señor Jesucristo, en su misericordia, les conceda vida eterna.

Judas 20–21

Siempre doy gracias a Dios por ustedes, pues él, en Cristo Jesús, les ha dado su gracia. Unidos a Cristo ustedes se han llenado de toda riqueza, tanto en palabra como en conocimiento . . . de modo que no les falta ningún don espiritual mientras esperan con ansias que se manifieste nuestro Señor Jesucristo. Él los mantendrá firmes hasta el fin, para que sean irreprochables en el día de nuestro Señor Jesucristo. Fiel es Dios, quien los ha llamado a tener comunión con su Hijo Jesucristo, nuestro Señor.

1 Corintios 1:4–5,7–9

La paciencia de Job

¿Has oído sobre la paciencia de Job? Eso nunca tuvo sentido para mí, porque el libro de Job es una larga lista de quejas. Él levantó la voz en protesta contra Dios. Hasta sus amigos se asombraron ante su enojo insolente. La mayoría de nosotros se comería las uñas con temor y temblor si alguna vez le habláramos a Dios de esa manera.

Dios, en cambio, no se ofende. En realidad, con un supremo toque de ironía, Dios ordena a los piadosos consoladores de Job que le pidan perdón a la fuente misma de tantas quejas acaloradas.

Me encanta esa forma de ser de Dios. En lo referente a Job, este era humano. Sí, su paciencia se manifestó de manera gloriosa al negarse a maldecir a Dios y morir. Sin embargo, el Señor fue el que demostró lo mejor de lo que significa ser paciente. Dios, según lo expresa la escritura, se negó a romper la caña quebrada o apagar la mecha que apenas arde.

¿La paciencia de Job? Pienso que debiera ser la paciencia de Dios. El Dios de Job —tu Dios— defiende a los heridos, levanta a los oprimidos y escucha las quejas de los que sufren. Tal vez no conteste tus preguntas con respuestas prolijas y trilladas, pero siempre, siempre responde con su propia paciencia.

Joni Eareckson Tada

Palabras de Vida Sobre

La paz

Jesús dijo: «La paz les dejo; mi paz les doy. Yo no se la doy a ustedes como la da el mundo. No se angustien ni se acobarden.»

Juan 14:27

Señor, tú estableces la paz en favor nuestro, porque tú eres quien realiza todas nuestras obras.

Isaías 26:12

Que gobierne en sus corazones la paz de Cristo, a la cual fueron llamados en un solo cuerpo. Y sean agradecidos.

Colosenses 3:15

Y la paz de Dios, que sobrepasa todo entendimiento, cuidará sus corazones y sus pensamientos en Cristo Jesús.

Filipenses 4:7

En paz me acuesto y me duermo, porque sólo tú, Señor, me haces vivir confiado.

Salmo 4:8

El Señor fortalece a su pueblo; el Señor bendice a su pueblo con la paz.

Salmo 29:11

Palabras de Vida Sobre
La paz

Al de carácter firme lo guardarás en perfecta paz, porque en ti confía.

Isaías 26:3

Pero los desposeídos heredarán la tierra y disfrutarán de gran bienestar.

Salmo 37:11

Los que aman tu ley disfrutan de gran bienestar, y nada los hace tropezar.

Salmo 119:165

Hagan caso de mi exhortación, sean de un mismo sentir, vivan en paz. Y el Dios de amor y de paz estará con ustedes.

2 Corintios 13:11

Esfuércense por mantener la unidad del Espíritu mediante el vínculo de la paz.

Efesios 4:3

El Dios de paz estará con ustedes.

Filipenses 4:9

Si es posible, y en cuanto dependa de ustedes, vivan en paz con todos.

Romanos 12:18

Palabras de Vida Sobre
La paz

La sabiduría que desciende del cielo es ante todo pura, y además pacífica, bondadosa, dócil, llena de compasión y de buenos frutos, imparcial y sincera. En fin, el fruto de la justicia se siembra en paz para los que hacen la paz.

Santiago 3:17–18

Dichosos los que trabajan por la paz, porque serán llamados hijos de Dios.

Mateo 5:9

Sométete a Dios; ponte en paz con él, y volverá a ti la prosperidad.

Job 22:21

¡Paz a los que están lejos, y paz a los que están cerca! Yo los sanaré —dice el Señor—.

Isaías 57:19

¡Te afirmaré con turquesas, y te cimentaré con zafiros! Con rubíes construiré tus almenas, con joyas brillantes tus puertas, y con piedras preciosas todos tus muros. El Señor mismo instruirá a todos tus hijos, y grande será su bienestar. Serás establecida en justicia; lejos de ti estará la opresión, y nada tendrás que temer; el terror se apartará de ti, y no se te acercará.

Isaías 54:11–14

Palabras de Vida Sobre

La paz

Pero surgirá uno para pastorearlos con el poder del Señor, con la majestad del nombre del Señor su Dios. Vivirán seguros, porque él dominará hasta los confines de la tierra. ¡Él traerá la paz!

Miqueas 5:4–5

Jesús dijo: «Yo les he dicho estas cosas para que en mí hallen paz. En este mundo afrontarán aflicciones, pero ¡anímense! Yo he vencido al mundo».

Juan 16:33

Porque nos ha nacido un niño, se nos ha concedido un hijo; la soberanía reposará sobre sus hombros, y se le darán estos nombres: Consejero admirable, Dios fuerte, Padre eterno, Príncipe de paz.

Isaías 9:6

Que el Señor de paz les conceda su paz siempre y en todas las circunstancias.

2 Tesalonicenses 3:16

El producto de la justicia será la paz; tranquilidad y seguridad perpetuas serán su fruto.

Isaías 32:17

Palabras de Vida Sobre
La paz

Yo, el Señor, seré su Dios . . . Estableceré con ellas un pacto de paz . . . Haré que ellas y los alrededores de mi colina sean una fuente de bendición. Haré caer lluvias de bendición en el tiempo oportuno.

Ezequiel 34:24–26

Voy a escuchar lo que Dios el Señor dice:
él promete paz a su pueblo y a sus fieles.

Salmo 85:8

El que quiera amar la vida y gozar de días felices, . . . que busque la paz y la siga. Porque los ojos del Señor están sobre los justos, y sus oídos, atentos a sus oraciones.

1 Pedro 3:10–12

Esmérate en seguir la justicia, la fe, el amor y la paz, junto con los que invocan al Señor con un corazón limpio.

2 Timoteo 2:22

Reciban misericordia, paz y amor en abundancia.

Judas 2

Vivan en paz unos con otros.

1 Tesalonicenses 5:13

[Jesús] vino y proclamó paz a ustedes que estaban lejos y paz a los que estaban cerca.

Efesios 2:17

Dichosos los que trabajan por la paz

Anoche Joe me recordó que era hora de empezar a juntar todo lo referente a los impuestos sobre la renta. Dejé escapar un gemido mientras me recostaba en el sofá.
—¡Cómo detesto esta época del año! Tratar de encontrar todos los papeles.

Arqueó una ceja y supe lo que pensaba.
—No crees que tenga un método, ¿verdad? —le dije.

—¡Oye! ¿Acaso dije algo? Lo único que tienes que hacer es sacar los archivos.

—Pero ya verás, nos faltará algún papel importante, igual que el año pasado.

Volvió a arquear la ceja.
—Seguro que lo botaste. Igual que ese cupón de «Sears».

—¡Sears! Siempre sacas a relucir ese tema.
Podría contarle de unas cuantas cosas que perdió... como por ejemplo todo lo que estaba en el garaje. Me dirigí hacia la cocina e inesperadamente, por medio de las Escrituras, el Espíritu Santo me susurró: «Dichosos los que trabajan por la paz.»

Forcejeé con el Espíritu por unos momentos antes de calmarme. Serví café y le llevé una taza.
—Cariño, no discutamos. Por cierto tienden a desaparecer las cosas por aquí.

Estando sola en el baño, le agradecí al Señor por cerrarme la boca antes de haber dicho algo más.

Mab Graff Hoover

La perspectiva

Jesús dijo: «Ustedes deben orar así: "Padre nuestro que estás en el cielo, santificado sea tu nombre, venga tu reino, hágase tu voluntad en la tierra como en el cielo."»

Mateo 6:9–10

Así que no nos fijamos en lo visible sino en lo invisible, ya que lo que se ve es pasajero, mientras que lo que no se ve es eterno.

2 Corintios 4:18

Sin embargo, todo aquello que para mí era ganancia, ahora lo considero pérdida por causa de Cristo.

Filipenses 3:7

Más bien, busquen primeramente el reino de Dios y su justicia, y todas estas cosas les serán añadidas.

Mateo 6:33

Por tanto, también nosotros, que estamos rodeados de una multitud tan grande de testigos, despojémonos del lastre que nos estorba, en especial del pecado que nos asedia, y corramos con perseverancia la carrera que tenemos por delante. Fijemos la mirada en Jesús, el iniciador y perfeccionador de nuestra fe, quien por el gozo que le esperaba, soportó la cruz, menospreciando la vergüenza que ella significaba, y ahora está sentado a la derecha del trono de Dios.

Hebreos 12:1–2

La perspectiva

Por la fe Moisés, ya adulto, renunció a ser llamado hijo de la hija del faraón. Prefirió ser maltratado con el pueblo de Dios a disfrutar de los efímeros placeres del pecado. Consideró que el oprobio por causa del Mesías era una mayor riqueza que los tesoros de Egipto, porque tenía la mirada puesta en la recompensa.

Hebreos 11:24–26

Sin embargo, considero que mi vida carece de valor para mí mismo, con tal de que termine mi carrera y lleve a cabo el servicio que me ha encomendado el Señor Jesús, que es el de dar testimonio del evangelio de la gracia de Dios.

Hechos 20:24

Llénenme de alegría teniendo un mismo parecer, un mismo amor, unidos en alma y pensamiento. No hagan nada por egoísmo o vanidad; más bien, con humildad consideren a los demás como superiores a ustedes mismos. Cada uno debe velar no sólo por sus propios intereses sino también por los intereses de los demás. La actitud de ustedes debe ser como la de Cristo Jesús.

Filipenses 2:2–5

En Cristo Jesús de nada vale estar o no estar circuncidados; lo que vale es la fe que actúa mediante el amor.

Gálatas 5:6

Palabras de Vida Sobre
La perspectiva

Sin embargo, alguien dirá: «Tú tienes fe, y yo tengo obras.» Pues bien, muéstrame tu fe sin las obras, y yo te mostraré la fe por mis obras.

Santiago 2:18

No todo el que me dice: "Señor, Señor", entrará en el reino de los cielos, sino sólo el que hace la voluntad de mi Padre que está en el cielo.

Mateo 7:21

Queridos hijos, no amemos de palabra ni de labios para afuera, sino con hechos y de verdad.

1 Juan 3:18

Hagan lo que hagan, trabajen de buena gana, como para el Señor y no como para nadie en este mundo, conscientes de que el Señor los recompensará con la herencia. Ustedes sirven a Cristo el Señor.

Colosenses 3:23–24

Cuando te vengan buenos tiempos, disfrútalos; pero cuando te lleguen los malos, piensa que unos y otros son obra de Dios, y que el hombre nunca sabe con qué habrá de encontrarse después.

Eclesiastés 7:14

Concentren su atención en las cosas de arriba, no en las de la tierra.

Colosenses 3:2

La perspectiva

Todo tiene su momento oportuno; hay un tiempo para todo lo que se hace bajo el cielo: Un tiempo para nacer, y un tiempo para morir; un tiempo para plantar, y un tiempo para cosechar; un tiempo para matar, y un tiempo para sanar; un tiempo para destruir, y un tiempo para construir; un tiempo para llorar, y un tiempo para reír; un tiempo para estar de luto, y un tiempo para saltar de gusto; un tiempo para esparcir piedras, y un tiempo para recogerlas; un tiempo para abrazarse, y un tiempo para despedirse; un tiempo para intentar, y un tiempo para desistir; un tiempo para guardar, y un tiempo para desechar; un tiempo para rasgar, y un tiempo para coser; un tiempo para callar, y un tiempo para hablar; un tiempo para amar, y un tiempo para odiar; un tiempo para la guerra, y un tiempo para la paz.

Eclesiastés 3:1–8

Mis pensamientos no son los de ustedes, ni sus caminos son los míos —afirma el Señor—. Mis caminos y mis pensamientos son más altos que los de ustedes; ¡más altos que los cielos sobre la tierra!

Isaías 55:8–9

Alabo, exalto y glorifico al Rey del cielo, porque siempre procede con rectitud y justicia, y es capaz de humillar a los soberbios.

Daniel 4:37

Palabras de Vida Sobre

La perspectiva

El Señor dijo: La gente se fija en las apariencias, pero yo me fijo en el corazón.

1 Samuel 16:7

Jesús dijo: «Te alabo, Padre, Señor del cielo y de la tierra, porque habiendo escondido estas cosas de los sabios e instruidos, se las has revelado a los que son como niños. Sí, Padre, porque esa fue tu buena voluntad.»

Mateo 11:25–26

¡Qué profundas son las riquezas de la sabiduría y del conocimiento de Dios! ¡Qué indescifrables sus juicios e impenetrables sus caminos! «¿Quién ha conocido la mente del Señor, o quién ha sido su consejero?» «¿Quién le ha dado primero a Dios, para que luego Dios le pague?» Porque todas las cosas proceden de él, y existen por él y para él. ¡A él sea la gloria por siempre! Amén.

Romanos 11:33–36

Santos, oh Dios, son tus caminos; ¿qué dios hay tan excelso como nuestro Dios? Tú eres el Dios que realiza maravillas; el que despliega su poder entre los pueblos.

Salmo 77:13–14

Palabras de Vida Sobre

La perspectiva

[Abel, Enoc, Noé, Abraham] ... vivieron por la fe, y murieron sin haber recibido las cosas prometidas; más bien, las reconocieron a lo lejos, y confesaron que eran extranjeros y peregrinos en la tierra. Al expresarse así, claramente dieron a entender que andaban en busca de una patria. Si hubieran estado pensando en aquella patria de donde habían emigrado, habrían tenido oportunidad de regresar a ella. Antes bien, anhelaban una patria mejor, es decir, la celestial. Por lo tanto, Dios no se avergonzó de ser llamado su Dios, y les preparó una ciudad.

Hebreos 11:13–16

Jesús dijo: «Fíjense en las aves del cielo: no siembran ni cosechan ni almacenan en graneros; sin embargo, el Padre celestial las alimenta. ¿No valen ustedes mucho más que ellas? ¿Quién de ustedes, por mucho que se preocupe, puede añadir una sola hora al curso de su vida? ¿Y por qué se preocupan por la ropa? Observen cómo crecen los lirios del campo. No trabajan ni hilan; sin embargo, les digo que ni siquiera Salomón, con todo su esplendor, se vestía como uno de ellos.»

Mateo 6:26–29

El mundo se acaba con sus malos deseos, pero el que hace la voluntad de Dios permanece para siempre.

1 Juan 2:17

Palabras de Vida Sobre

La perspectiva

Jesús dijo: «En el hogar de mi Padre hay muchas viviendas; si no fuera así, ya se lo habría dicho a ustedes. Voy a prepararles un lugar. Y si me voy y se lo preparo, vendré para llevármelos conmigo. Así ustedes estarán donde yo esté.»

Juan 14:2–3

¿De dónde, pues, viene la sabiduría? ¿Dónde habita la inteligencia? ... Sólo Dios sabe llegar hasta ella; sólo él sabe dónde habita. Él puede ver los confines de la tierra; él ve todo lo que hay bajo los cielos.

Job 28:20, 23–24

Deléitate en el Señor, y él te concederá los
deseos de tu corazón.
Encomienda al Señor tu camino;
confía en él, y él actuará.
Hará que tu justicia resplandezca como el alba;
tu justa causa, como el sol de mediodía.

Salmo 37:4–6

No nos cansemos de hacer el bien, porque a su debido tiempo cosecharemos si no nos damos por vencidos.

Gálatas 6:9

Una perspectiva sin apresuramiento

Recuerdo cuando recorríamos caminos del campo en nuestro Ford modelo T, en la época en que la gente no estaba tan apresurada. Los caminos no eran como los de ahora: cintas rectas de cemento. Los automóviles no avanzaban a la velocidad de nuestros modelos modernos. Disponíamos de tiempo para detenernos y recoger espadañas cuando papá nos llevaba a pasear los domingos por la tarde. Disfrutábamos del paisaje en cámara lenta. Nos tomábamos tiempo para juntar moras silvestres y flores a lo largo del camino. ¡Me encantaba!

Si admitir que se desea un ritmo más lento es señal de vejez estoy envejeciendo. Con demasiada frecuencia llegamos a nuestro destino y nos preguntamos si valió la pena el esfuerzo. ¡Ya ni siquiera dedicamos el tiempo de recreación a esta!

Necesito aminorar la marcha. Le pido al Señor que me ayude a lograrlo. Quiero moverme suficientemente lenta para darme cuenta de todos los gozos que él me ha reservado. Quiero bajar la velocidad lo suficiente como para crecer de la manera que él quiere que crezca. Quiero permanecer callada para oír su voz. Necesito su sabiduría para saber a qué dedicar mi tiempo y cómo organizar mis días.

Kathryn Hillen

La oración

Antes que me llamen, yo les responderé; todavía estarán hablando cuando ya los habré escuchado.

Isaías 65:24

Crean que ya han recibido todo lo que estén pidiendo en oración, y lo obtendrán.

Marcos 11:24

Pidan, y se les dará; busquen, y encontrarán; llamen, y se les abrirá. Porque todo el que pide, recibe; el que busca, encuentra; y al que llama, se le abre.

Mateo 7:7–8

Jesús dijo: «Si dos de ustedes en la tierra se ponen de acuerdo sobre cualquier cosa que pidan, les será concedida por mi Padre que está en el cielo. Porque donde dos o tres se reúnen en mi nombre, allí estoy yo en medio de ellos.»

Mateo 18:19–20

«Queridos hermanos, si el corazón no nos condena, tenemos confianza delante de Dios, y recibimos todo lo que le pedimos porque obedecemos sus mandamientos y hacemos lo que le agrada.»

1 Juan 3:21–22

Palabras de Vida Sobre

La oración

Cuando te pongas a orar, entra en tu cuarto, cierra la puerta y ora a tu Padre, que está en lo secreto. Así tu Padre, que ve lo que se hace en secreto, te recompensará.

Mateo 6:6

El Señor está cerca de quienes lo invocan, de quienes lo invocan en verdad.

Salmo 145:18

Clama a mí y te responderé, y te daré a conocer cosas grandes y ocultas que tú no sabes

Jeremías 33:3

Él me invocará, y yo le responderé; estaré con él en momentos de angustia; lo libraré y lo llenaré de honores.

Salmo 91:15

El Señor se mantiene lejos de los impíos, pero escucha las oraciones de los justos.

Proverbios 15:29

Deléitate en el Señor, y él te concederá los deseos de tu corazón.

Salmo 37:4

La oración

Así que acerquémonos confiadamente al trono de la gracia para recibir misericordia y hallar la gracia que nos ayude en el momento que más la necesitemos.

Hebreos 4:16

Jesús dijo: «Ciertamente les aseguro que mi Padre les dará todo lo que le pidan en mi nombre. Hasta ahora no han pedido nada en mi nombre. Pidan y recibirán, para que su alegría sea completa.»

Juan 16:23–24

Si confesamos nuestros pecados, Dios, que es fiel y justo, nos los perdonará y nos limpiará de toda maldad.

1 Juan 1:9

Jesús dijo: «Cualquier cosa que ustedes pidan en mi nombre, yo la haré; así será glorificado el Padre en el Hijo. Lo que pidan en mi nombre, yo lo haré.»

Juan 14:13–14

Si mi pueblo, que lleva mi nombre, se humilla y ora, y me busca y abandona su mala conducta, yo lo escucharé desde el cielo, perdonaré su pecado y restauraré su tierra.

2 Crónicas 7:14

Palabras de Vida Sobre

La oración

Yo, Señor, espero en ti; tú, Señor y Dios mío, serás quien responda.

Salmo 38:15

Si ustedes creen, recibirán todo lo que pidan en oración.

Mateo 21:22

Jesús dijo: «Si permanecen en mí y mis palabras permanecen en ustedes, pidan lo que quieran, y se les concederá.»

Juan 15:7

Muy de madrugada, cuando todavía estaba oscuro, Jesús se levantó, salió de la casa y se fue a un lugar solitario, donde se puso a orar.

Marcos 1:35

¿Está afligido alguno entre ustedes? Que ore. ¿Está alguno de buen ánimo? Que cante alabanzas. ¿Está enfermo alguno de ustedes? Haga llamar a los ancianos de la iglesia para que oren por él y lo unjan con aceite en el nombre del Señor. La oración de fe sanará al enfermo y el Señor lo levantará. Y si ha pecado, su pecado se le perdonará. Por eso, confiésense unos a otros sus pecados, y oren unos por otros, para que sean sanados. La oración del justo es poderosa y eficaz.

Santiago 5:13–16

La oración

Ésta es la confianza que tenemos al acercarnos a Dios: que si pedimos conforme a su voluntad, él nos oye. Y si sabemos que Dios oye todas nuestras oraciones, podemos estar seguros de que ya tenemos lo que le hemos pedido.

1 Juan 5:14–15

Porque los ojos del Señor están sobre los justos, y sus oídos, atentos a sus oraciones.

1 Pedro 3:12

Queridos hermanos, manténganse en el amor de Dios, edificándose sobre la base de su santísima fe y orando en el Espíritu .

Judas 20–21

Todo lo que Dios ha creado es bueno, y nada es despreciable si se recibe con acción de gracias, porque la palabra de Dios y la oración lo santifican.

1 Timoteo 4:4–5

Así que recomiendo, ante todo, que se hagan plegarias, oraciones, súplicas y acciones de gracias por todos, especialmente por los gobernantes y por todas las autoridades, para que tengamos paz y tranquilidad, y llevemos una vida piadosa y digna.

1 Timoteo 2:1–2

Ora sin cesar

Dios enfatiza la importancia de la oración. Mediante la oración se suplen las necesidades, se resuelven los problemas y se logra lo imposible. Por lo tanto debemos orar. Tal vez no tengamos ganas de hacerlo, pero debemos orar. Es posible que estemos desanimados, pero debemos orar.

Debemos orar siempre, no solo cuando tenemos una necesidad o a una hora determinada, sino siempre. La línea al cielo siempre está abierta. A veces tendemos a elaborar nuestros planes o tomar decisiones antes de orar, pero debemos orar por todo con anticipación.

No solo hemos de orar, sino que no debemos desmayar. Tal vez hace mucho que oramos por algo sin ver respuesta. Quizá pensemos que Dios no escucha o no se interesa. Sin embargo, no debemos desmayar. Una vez fui testigo del gozo de una persona que acababa de enterarse que su hermano se había entregado a Cristo. Mientras le corrían las lagrimas por las mejillas, al relatar su experiencia inspiradora me dijo: «Hace cuarenta años que oro por él.» Rubinstein, el famoso compositor y pianista, dijo una vez: «Si dejo de practicar un día, lo noto yo; si dejo de practicar dos días, lo notan mis amigos; si dejo de practicar tres días, lo nota mi público.»

Millie Stamm

Las relaciones

En todo tiempo ama el amigo; para ayudar en la adversidad nació el hermano.

Proverbios 17:17

El impío se ve atormentado toda su vida, el desalmado tiene sus años contados.

Job 16:20

El que perdona la ofensa cultiva el amor; el que insiste en la ofensa divide a los amigos.

Proverbios 17:9

Hay amigos que llevan a la ruina, y hay amigos más fieles que un hermano.

Proverbios 18:24

Más confiable es el amigo que hiere que el enemigo que besa.

Proverbios 27:6

Jesús dijo: «Nadie tiene amor más grande que el dar la vida por sus amigos. Ustedes son mis amigos si hacen lo que yo les mando.»

Juan 15:13–14

De modo que se toleren unos a otros y se perdonen si alguno tiene queja contra otro. Así como el Señor los perdonó, perdonen también ustedes.

Colosenses 3:13

Palabras de Vida Sobre
Las relaciones

Más valen dos que uno, porque obtienen más fruto de su esfuerzo. Si caen, el uno levanta al otro. ¡Ay del que cae y no tiene quien lo levante!

Eclesiastés 4:9–10

El perfume y el incienso alegran el corazón; la dulzura de la amistad fortalece el ánimo.

Proverbios 27:9

Por la gracia que se me ha dado, les digo a todos ustedes: Nadie tenga un concepto de sí más alto que el que debe tener, sino más bien piense de sí mismo con moderación, según la medida de fe que Dios le haya dado. Pues así como cada uno de nosotros tiene un solo cuerpo con muchos miembros, y no todos estos miembros desempeñan la misma función, también nosotros, siendo muchos, formamos un solo cuerpo en Cristo, y cada miembro está unido a todos los demás.

Romanos 12:3–5

Vivan de una manera digna del llamamiento que han recibido, siempre humildes y amables, pacientes, tolerantes unos con otros en amor. Esfuércense por mantener la unidad del Espíritu mediante el vínculo de la paz.

Efesios 4:1–3

Palabras de Vida Sobre
Las relaciones

Hermanos míos, la fe que tienen en nuestro glorioso Señor Jesucristo no debe dar lugar a favoritismos.

Santiago 2:1

Jesús dijo: «Miren que no menosprecien a uno de estos pequeños. Porque les digo que en el cielo los ángeles de ellos contemplan siempre el rostro de mi Padre celestial.»

Mateo 18:10

No reprendas con dureza al anciano, sino aconséjalo como si fuera tu padre. Trata a los jóvenes como a hermanos; a las ancianas, como a madres; a las jóvenes, como a hermanas, con toda pureza.

1 Timoteo 5:1–2

Ayúdense unos a otros a llevar sus cargas, y así cumplirán la ley de Cristo.

Gálatas 6:2

Ámense de todo corazón los unos a los otros.

1 Pedro 1:22

¡Pero tengan cuidado! Presten atención y no olviden las cosas que han visto sus ojos, ni las aparten de su corazón mientras vivan. Cuéntenselas a sus hijos y a sus nietos.

Deuteronomio 4:9

Palabras de Vida Sobre
Las relaciones

Les suplico, hermanos, en el nombre de nuestro Señor Jesucristo, que todos vivan en armonía y que no haya divisiones entre ustedes, sino que se mantengan unidos en un mismo pensar y en un mismo propósito.

1 Corintios 1:10

El que ama a Dios, ame también a su hermano.

1 Juan 4:21

Instruye al niño en el camino correcto, y aun en su vejez no lo abandonará.

Proverbios 22:6

Éste es el niño que yo le pedí al Señor, y él me lo concedió. Ahora yo, por mi parte, se lo entrego al Señor. Mientras el niño viva, estará dedicado a él.»

1 Samuel 1:27-28

Hijos, obedezcan en el Señor a sus padres, porque esto es justo. «Honra a tu padre y a tu madre —que es el primer mandamiento con promesa— para que te vaya bien y disfrutes de una larga vida en la tierra.»

Efesios 6:1-3

Palabras de Vida Sobre

Las relaciones

Dejará el hombre a su padre y a su madre, y se unirá a su esposa, y los dos llegarán a ser un solo cuerpo.

Efesios 5:31

Si vivimos en la luz, así como él está en la luz, tenemos comunión unos con otros.

1 Juan 1:7

Sean considerados con los que trabajan arduamente entre ustedes, y los guían y amonestan en el Señor. Ténganlos en alta estima, y ámenlos por el trabajo que hacen.

1 Tesalonicenses 5:12–13

Si estás presentando tu ofrenda en el altar y allí recuerdas que tu hermano tiene algo contra ti, deja tu ofrenda allí delante del altar. Ve primero y reconcíliate con tu hermano; luego vuelve y presenta tu ofrenda.

Mateo 5:23–24

Queridos hijos, no amemos de palabra ni de labios para afuera, sino con hechos y de verdad.

1 Juan 3:18

Siempre que tengamos la oportunidad, hagamos bien a todos, y en especial a los de la familia de la fe.

Gálatas 6:10

Amigos de Dios

¿Cómo te gusta que sean tus amigos? ¿Fieles y leales? ¿Alentadores, comprensivos y amables? ¿Pero cuántos de tus amigos estarían a la medida de tales normas?

Los amigos son personas, y estas no siempre son leales y amables. Basta con observar algunas de las personas que según Jesús eran sus amigos. Pedro siempre interrumpía y le decía a Jesús lo que debía hacer. También estaba María Magdalena, cuyo sórdido pasado era bien conocido. El indeciso Tomás nunca defendía sus opiniones. También estaba Nicodemo, un cobarde por no dejarse ver de día.

Estas personas tenían sus problemas. Sin embargo, Jesús los estimaba como amigos. No pretendía que fueran perfectos; solo esperaba que fueran genuinos, con sus defectos y virtudes. Y lo único que les pedía era su amor. Por él y por los demás.

Tal vez eres de los que se olvidan de citas o cumpleaños. La limpieza de la casa no ocupa el primer lugar en tu lista de prioridades. Te intimidas con facilidad y no defiendes a tus amigos. ¿No te alegra saber que ninguna de estas cosas te descalifica para integrar el círculo de amigos de tu Señor?

Jesús dice que eres su amigo si haces dos cosas: Amar a Dios y amar a los demás.

Joni Eareckson Tada

El descanso

Jesús dijo: «Vengan a mí todos ustedes que están cansados y agobiados, y yo les daré descanso. Carguen con mi yugo y aprendan de mí, pues yo soy apacible y humilde de corazón, y encontrarán descanso para su alma. Porque mi yugo es suave y mi carga es liviana.»

Mateo 11:28–30

[Dios] fortalece al cansado y acrecienta las fuerzas del débil. Aun los jóvenes se cansan, se fatigan, y los muchachos tropiezan y caen; pero los que confían en el Señor renovarán sus fuerzas; volarán como las águilas: correrán y no se fatigarán, caminarán y no cansarán.

Isaías 40:29–31

«Daré de beber a los sedientos y saciaré a los que estén agotados.» dice el Señor.

Jeremías 31:25

El Señor es mi pastor, nada me falta; en verdes pastos me hace descansar. Junto a tranquilas aguas me conduce; me infunde nuevas fuerzas. Me guía por sendas de justicia por amor a su nombre.

Salmo 23:1–3

Cuidémonos, por tanto, no sea que, aunque la promesa de entrar en su reposo sigue vigente, alguno de ustedes parezca quedarse atrás.

Hebreos 4:1

El descanso

Los apóstoles se reunieron con Jesús y le contaron lo que habían hecho y enseñado. Y como no tenían tiempo ni para comer, pues era tanta la gente que iba y venía, Jesús les dijo:
—Vengan conmigo ustedes solos a un lugar tranquilo y descansen un poco.

Marcos 6:30–31

Sólo en Dios halla descanso mi alma;
de él viene mi esperanza.

Salmo 62:5

Restáuranos, oh Dios;
haz resplandecer tu rostro sobre nosotros.

Salmo 80:3

Yo mismo iré contigo y te daré descanso
—respondió el Señor.

Éxodo 33:14

Que el amado del Señor repose seguro en él, porque lo protege todo el día y descansa tranquilo entre sus hombros.

Deuteronomio 33:12

El que habita al abrigo del Altísimo
se acoge a la sombra del Todopoderoso.

Salmo 91:1

Palabras de Vida Sobre
El descanso

Así dice el Señor: «Deténganse en los caminos y miren; pregunten por los senderos antiguos. Pregunten por el buen camino, y no se aparten de él. Así hallarán el descanso anhelado.

Jeremías 6:16

Dios hablará a este pueblo . . . «Éste es el lugar de descanso; que descanse el fatigado»; y también:«Éste es el lugar de reposo.»

Isaías 28:11–12

¡Ya puedes, alma mía, estar tranquila, que el Señor ha sido bueno contigo!

Salmo 116:7

El Señor estará con ustedes, siempre y cuando ustedes estén con él. Si lo buscan, él dejará que ustedes lo hallen.

2 Crónicas 15:2

El Dios sempiterno es tu refugio; por siempre te sostiene entre sus brazos.

Deuteronomio 33:27

Encuentra a Dios en el descanso

En la soledad de una cueva Elías experimentó el asombroso poder sanador y salvador de Dios. El Señor permitió que Elías descansara un momento antes de recordarle que entendía y conocía su dolor.

Él salió de la cueva y descubrió que el Señor era una realidad siempre presente. ¡Elías no estaba solo! Tanto el terremoto como el fuego captaron su atención. Pero, fue en la voz de suave murmullo —un susurro de Dios— que volvió a descubrir al Señor.

Tal vez por medio de su experiencia podemos encontrar esperanza y ayuda para nuestra vida. Dios apartó un tiempo y un lugar para que Elías se alejara de su ministerio y descansara. De la misma manera, Dios permite que nos retiremos a descansar de nuestro cansancio y de nuestros temores. Nos da este tiempo para que tengamos un descanso físico, espiritual y mental a fin de poder reconocer la presencia de Dios.

A menudo nos sentimos solos porque Dios no se manifiesta en nuestra vida con gran fanfarria, sino de maneras silenciosas y apenas perceptibles. Tal vez podamos aprender a estar quietas y permanecer en silencio para poder reconocer la presencia de Dios. Como dijo el salmista: «Quédense quietos, reconozcan que yo soy Dios» (Salmo 46:10). El Señor siempre es fiel a su palabra, y dice: «Nunca te dejaré; jamás te abandonaré» (Hebreos 13:5).

Reverenda Dra. Cheryl Clemetson

Palabras de Vida Sobre

La autoimagen

[Dios] dijo: «Hagamos al ser humano a nuestra imagen y semejanza» ... Y Dios creó al ser humano a su imagen; lo creó a imagen de Dios. Hombre y mujer los creó.

Génesis 1:26–27

Tú creaste mis entrañas; me formaste en el vientre de mi madre. ¡Te alabo porque soy una creación admirable! ¡Tus obras son maravillosas, y esto lo sé muy bien!

Salmo 139:13–14

¿Acaso no saben que su cuerpo es templo del Espíritu Santo, quien está en ustedes y al que han recibido de parte de Dios? Ustedes no son sus propios dueños; fueron comprados por un precio. Por tanto, honren con su cuerpo a Dios.

1 Corintios 6:19–20

Somos hechura de Dios, creados en Cristo Jesús para buenas obras, las cuales Dios dispuso de antemano a fin de que las pongamos en práctica.

Efesios 2:10

Porque yo sé muy bien los planes que tengo para ustedes —afirma el Señor—, planes de bienestar y no de calamidad, a fin de darles un futuro y una esperanza.

Jeremías 29:11

La autoimagen

Con respecto a la vida que antes llevaban, se les enseñó que debían quitarse el ropaje de la vieja naturaleza, la cual está corrompida por los deseos engañosos; ser renovados en la actitud de su mente; y ponerse el ropaje de la nueva naturaleza, creada a imagen de Dios, en verdadera justicia y santidad.

Efesios 4:22–24

Jesús dijo: «¿No se venden dos gorriones por una monedita? Sin embargo, ni uno de ellos caerá a tierra sin que lo permita el Padre; y él les tiene contados a ustedes aun los cabellos de la cabeza. Así que no tengan miedo; ustedes valen más que muchos gorriones.»

Mateo 10:29–31

El Espíritu mismo le asegura a nuestro espíritu que somos hijos de Dios. Y si somos hijos, somos herederos; herederos de Dios y coherederos con Cristo, pues si ahora sufrimos con él, también tendremos parte con él en su gloria.

Romanos 8:16–17

¡Fíjense qué gran amor nos ha dado el Padre, que se nos llame hijos de Dios! ¡Y lo somos!

1 Juan 3:1

Palabras de Vida Sobre

La autoimagen

Dios nos escogió en él antes de la creación del mundo, para que seamos santos y sin mancha delante de él. En amor nos predestinó para ser adoptados como hijos suyos por medio de Jesucristo, según el buen propósito de su voluntad, para alabanza de su gloriosa gracia, que nos concedió en su Amado.

Efesios 1:4–6

Ahora Dios, a fin de presentarlos santos, intachables e irreprochables delante de él, los ha reconciliado en el cuerpo mortal de Cristo mediante su muerte.

Colosenses 1:22

Ya han sido lavados, ya han sido santificados, ya han sido justificados en el nombre del Señor Jesucristo y por el Espíritu de nuestro Dios.

1 Corintios 6:11

Toda la plenitud de la divinidad habita en forma corporal en Cristo; y en él, que es la cabeza de todo poder y autoridad, ustedes han recibido esa plenitud.

Colosenses 2:10

Así que somos embajadores de Cristo, como si Dios los exhortara a ustedes por medio de nosotros.

2 Corintios 5:20

Fe anoréxica

Luchaba contra la anorexia nerviosa. Estaba obsesionada con todo lo que tuviera que ver con mi apariencia física. Dios me dice que la condición de mi corazón es importante para él, mucho más importante que la condición de mi cuerpo. Había puesto mi esperanza, no en el amor incondicional de Dios, sino en el control de mi peso.

Cuando pesaba menos de ochenta libras, se intensificó mi batalla interior. Era cristiana y deseaba servir a Dios, pero era esclava de la comida. Me sentía miserable. Noche tras noche lloraba sobre mi almohada rogándole a Dios que me hiciera normal.

Él contestó esas oraciones lenta y suavemente. Primero, me mostró mi pecado y me perdonó. Me dio amigos afectuosos con quienes hablar, afirmación por medio de su Palabra y un esposo maravilloso. ¡Michael me ama a mí, no el talle de mi vestido!

Y, como confirmación de que mi sanidad es completa, Dios nos dio tres hermosos hijos; les decimos nuestros tres milagros, ya que se me había dicho que nunca podría quedar embarazada a consecuencia de mi anorexia.

Ahora solo deseo temer a Dios y poner mi esperanza en su amor. . . y por su fuerza, ¡me deleitaré solo en él!

Debbie Smith

Palabras de Vida Sobre

El servicio

La actitud de ustedes debe ser como la de Cristo Jesús, quien, siendo por naturaleza Dios, no consideró el ser igual a Dios como algo a qué aferrarse. Por el contrario, se rebajó voluntariamente, tomando la naturaleza de siervo y haciéndose semejante a los seres humanos. Y al manifestarse como hombre, se humilló a sí mismo y se hizo obediente hasta la muerte, ¡y muerte de cruz!

Filipenses 2:5–8

Jesús dijo: «El mayor debe comportarse como el menor, y el que manda como el que sirve. Porque, ¿quién es más importante, el que está a la mesa o el que sirve? ¿No lo es el que está sentado a la mesa? Sin embargo, yo estoy entre ustedes como uno que sirve.»

Lucas 22:26–27

Aunque soy libre respecto a todos, de todos me he hecho esclavo para ganar a tantos como sea posible. Entre los débiles me hice débil, a fin de ganar a los débiles. Me hice todo para todos, a fin de salvar a algunos por todos los medios posibles.

1 Corintios 9:19, 22

Hay diversas maneras de servir, pero un mismo Señor.

1 Corintios 12:5

El servicio

Jesús dijo: «Porque el que quiera salvar su vida, la perderá; pero el que pierda su vida por mi causa, la encontrará.»

Mateo 16:25

Solamente al Señor tu Dios debes seguir y rendir culto. Cumple sus mandamientos y obedécelo; sírvele y permanece fiel a él.

Deuteronomio 13:4

Jesús dijo: «Les he puesto el ejemplo, para que hagan lo mismo que yo he hecho con ustedes. Ciertamente les aseguro que ningún siervo es más que su amo, y ningún mensajero es más que el que lo envió.»

Juan 13:15–16

Pero si a ustedes les parece mal servir al Señor, elijan ustedes mismos a quiénes van a servir . . . Por mi parte, mi familia y yo serviremos al Señor.

Josué 24:15

Los exhorto a temer al Señor y a servirle fielmente y de todo corazón, recordando los grandes beneficios que él ha hecho en favor de ustedes.

1 Samuel 12:24

Palabras de Vida Sobre

El servicio

El que presta algún servicio, hágalo como quien tiene el poder de Dios. Así Dios será en todo alabado por medio de Jesucristo.

1 Pedro 4:11

Ustedes han sido llamados a ser libres; pero no se valgan de esa libertad para dar rienda suelta a sus pasiones. Más bien sírvanse unos a otros con amor.

Gálatas 5:13

Cada uno ponga al servicio de los demás el don que haya recibido, administrando fielmente la gracia de Dios en sus diversas formas.

1 Pedro 4:10

Los que ejercen bien el diaconado se ganan un lugar de honor y adquieren mayor confianza para hablar de su fe en Cristo Jesús.

1 Timoteo 3:13

Doy gracias al que me fortalece, Cristo Jesús nuestro Señor, pues me consideró digno de confianza al ponerme a su servicio.

1 Timoteo 1:12

Servimos a un amo digno

Cómo ser un siervo es una de las lecciones más importantes para los cristianos pero, lamentablemente, con frecuencia nos es necesario sortear conceptos sumamente errados. Tenemos temores en cuanto a entregarnos con confianza a cualquier jefe, pero debemos aprender en nuestra travesía espiritual que este amo no se parece a ningún otro. No nos maltratará ni se aprovechará de nosotros. Se preocupa por nosotros de corazón. Nos anima para que mediante nuestro servicio lleguemos a ser todo lo que podamos, y además nos da su propio Espíritu Santo a fin de capacitarnos para poder lograrlo. Este amo hasta dio su vida por los que eran sus siervos.

Es un amo que no se parece a ningún otro. No debemos tenerle miedo, él es digno de nuestro servicio.

Muchos pensamos que ser siervo significa perder la identidad de modo que nos convertimos en personas sin personalidad, sin capacidad de razonamiento original, personas que carecen de dones. Pero cuando servimos a este amo, sucede justamente lo contrario: Hace que seamos seres humanos plenos, completos, llenos de su propia imagen, con su propia mentalidad asombrosa. Paradójicamente, mientras nos enseña a parecernos más a él, más nos vamos acercando al propósito que tuvo para nosotros al crearnos.

Karen Burton Mains

La vida espiritual

El que practica la verdad se acerca a la luz, para que se vea claramente que ha hecho sus obras en obediencia a Dios.

Juan 3:21

Jesús dijo: «Permanezcan en mí, y yo permaneceré en ustedes. Así como ninguna rama puede dar fruto por sí misma, sino que tiene que permanecer en la vid, así tampoco ustedes pueden dar fruto si no permanecen en mí. Yo soy la vid y ustedes son las ramas ... separados de mí no pueden ustedes hacer nada.»

Juan 15:4–5

Los que viven conforme a la naturaleza pecaminosa fijan la mente en los deseos de tal naturaleza; en cambio, los que viven conforme al Espíritu fijan la mente en los deseos del Espíritu.

Romanos 8:5

Ya se te ha dicho lo que de ti espera el Señor: Practicar la justicia, amar la misericordia, y humillarte ante tu Dios.

Miqueas 6:8

Jesús dijo: «De la misma manera, cualquiera de ustedes que no renuncie a todos sus bienes, no puede ser mi discípulo.»

Lucas 14:33

La vida espiritual

Jesús dijo: «El que encuentre su vida, la perderá, y el que la pierda por mi causa, la encontrará.»

Mateo 10:39

Jesús respondió:
—El que me ama, obedecerá mi palabra, y mi Padre lo amará, y haremos nuestra vivienda en él.»

Juan 14:23

En verdad, Dios ha manifestado a toda la humanidad su gracia, la cual trae salvación y nos enseña a rechazar la impiedad y las pasiones mundanas. Así podremos vivir en este mundo con justicia, piedad y dominio propio.

Tito 2:11–12

Jesús dijo: «Todo el que me oye estas palabras y las pone en práctica es como un hombre prudente que construyó su casa sobre la roca. Cayeron las lluvias, crecieron los ríos, y soplaron los vientos y azotaron aquella casa; con todo, la casa no se derrumbó porque estaba cimentada sobre la roca. Pero todo el que me oye estas palabras y no las pone en práctica es como un hombre insensato que construyó su casa sobre la arena. Cayeron las lluvias, crecieron los ríos, y soplaron los vientos y azotaron aquella casa, y ésta se derrumbó, y grande fue su ruina.»

Mateo 7:24–27

La vida espiritual

Jesús dijo: «De este modo todos sabrán que son mis discípulos, si se aman los unos a los otros.»

Juan 13:35

Olvidando lo que queda atrás y esforzándome por alcanzar lo que está delante, sigo avanzando hacia la meta para ganar el premio que Dios ofrece mediante su llamamiento celestial en Cristo Jesús.

Filipenses 3:13–14

Jesús dijo: «De aquel que cree en mí, como dice la Escritura, brotarán ríos de agua viva.»

Juan 7:38

Crezcan en la gracia y en el conocimiento de nuestro Señor y Salvador Jesucristo. ¡A él sea la gloria ahora y para siempre!

2 Pedro 3:18

Esfuércense por añadir a su fe, virtud; a su virtud, entendimiento; al entendimiento, dominio propio; al dominio propio, constancia; a la constancia, devoción a Dios; a la devoción a Dios, afecto fraternal; y al afecto fraternal, amor. Porque estas cualidades, si abundan en ustedes, les harán crecer en el conocimiento de nuestro Señor Jesucristo, y evitarán que sean inútiles e improductivos.

2 Pedro 1:5–8

El río del Espíritu Santo

Jesús dijo: «De aquel que cree en mí ... brotarán ríos de agua viva» (Juan 7:38). Esto no se refiere al agua sino al Espíritu Santo que, al tener libertad en nuestra vida, fortalece, crece y nos vivifica. A medida que permitimos que el Espíritu proceda de Dios y se vuelva más fuerte, más profundo, más amplio y más penetrante, nuestra persona física y espiritual adquieren vida nueva, eterna y abundante. La transformación espiritual se produce únicamente a medida que permitimos que este fluya en nuestros pensamientos, emociones, voluntad, deseos, disposiciones, acciones y actividades. Entonces la gente puede observarnos en medio de la tribulación y decir: «Me parece que veo al Hijo de Dios.» Nuestros apresadores pueden mirar dentro de los hornos ardientes y ver que caminamos confiados pues nos acompaña un cuarto hombre.

Deseo que las aguas de Dios fluyan en forma profunda, amplia y expansiva en mi ser. Quiero que el río del Espíritu Santo me llene y guíe de tal manera que me convierta en un templo remoto desde el cual pueda fluir un ramal del río de Dios. Le pido que permita que las aguas fluyan en mí, y también es mi oración que tú le pidas a él que deje que sus aguas fluyan en ti.

Reverenda Dra. Alicia D. Byrd

Palabras de Vida Sobre

Las luchas

Así como participamos abundantemente en los sufrimientos de Cristo, así también por medio de él tenemos abundante consuelo.

2 Corintios 1:5

Porque a ustedes se les ha concedido no sólo creer en Cristo, sino también sufrir por él.

Filipenses 1:29

[El Mesías fue] despreciado y rechazado por los hombres, varón de dolores, hecho para el sufrimiento. Todos evitaban mirarlo; fue despreciado, y no lo estimamos.

Isaías 53:3

Considero que en nada se comparan los sufrimientos actuales con la gloria que habrá de revelarse en nosotros.

Romanos 8:18

Me regocijo en debilidades, insultos, privaciones, persecuciones y dificultades que sufro por Cristo; porque cuando soy débil, entonces soy fuerte.

2 Corintios 12:10

Encomienda al Señor tus afanes, y él te sostendrá; no permitirá que el justo caiga y quede abatido para siempre.

Salmo 55:22

Las luchas

Él, en cambio, conoce mis caminos; si me pusiera a prueba, saldría yo puro como el oro.

Job 23:10

Porque el Señor disciplina a los que ama.

Proverbios 3:12

Dichosos ustedes si los insultan por causa del nombre de Cristo, porque el glorioso Espíritu de Dios reposa sobre ustedes

1 Pedro 4:14

Así mismo serán perseguidos todos los que quieran llevar una vida piadosa en Cristo Jesús.

2 Timoteo 3:12

¡Cuán dichoso es el hombre a quien Dios corrige! No menosprecies la disciplina del Todopoderoso. Porque él hiere, pero venda la herida; golpea, pero trae alivio.

Job 5:17-18

Nos regocijamos ... también en nuestros sufrimientos, porque sabemos que el sufrimiento produce perseverancia; la perseverancia, entereza de carácter; la entereza de carácter, esperanza.

Romanos 5:2-4

Palabras de Vida Sobre

Las luchas

Ninguna disciplina, en el momento de recibirla, parece agradable, sino más bien penosa; sin embargo, después produce una cosecha de justicia y paz para quienes han sido entrenados por ella.

Hebreos 12:11

Hermanos míos, considérense muy dichosos cuando tengan que enfrentarse con diversas pruebas, pues ya saben que la prueba de su fe produce constancia.

Santiago 1:2-3

[Dios] no desprecia ni tiene en poco el sufrimiento del pobre; no esconde de él su rostro, sino que lo escucha cuando a él clama.

Salmo 22:24

El que con lágrimas siembra, con regocijo cosecha. El que llorando esparce la semilla, cantando recoge sus gavillas.

Salmo 126:5-6

Brillar en tiempos de oscuridad

Ester debe haberse preguntado con mucha frecuencia sobre el plan de Dios y sus promesas. Este era redimir a la humanidad perdida. Tenía que ver con su nación: Israel. De este pueblo especial surgiría el lucero brillante del amanecer, el Mesías mismo. Ester, literalmente, se jugó la vida basándose en estas promesas brillantes y duraderas, y creyó aunque le tocó vivir en una época que, es posible, haya sido la más oscura y negra de la historia de su nación.

Esto como sabemos, arriesgó su vida contando con la providencia de Dios que le permitiría cumplir sus promesas que tenían que ver con su plan.

¿Qué nos sucede cuando nos encontramos en medio de situaciones tenebrosas? ¿Creemos que lo que nos sucede es por accidente? ¿Procuramos cambiar nuestras circunstancias, o las aceptamos con una actitud fatalista? ¿Podemos cambiar nuestras circunstancias o debiéramos siquiera intentarlo?

Algunas veces podemos cambiar las cosas y debemos tratar de hacerlo. ¡Para eso estamos allí! Otras veces, habiendo tratado, nos damos cuenta que no podemos cambiar nada, y tampoco podemos escapar, por lo tanto debemos permitir que esas situaciones nos cambien y aceptar el privilegio de brillar donde estemos.

Jill Briscoe

Palabras de Vida Sobre
Los talentos

Hay diversos dones, pero un mismo Espíritu. Hay diversas maneras de servir, pero un mismo Señor. Hay diversas funciones, pero es un mismo Dios el que hace todas las cosas en todos. A cada uno se le da una manifestación especial del Espíritu para el bien de los demás. A unos Dios les da por el Espíritu palabra de sabiduría; a otros, por el mismo Espíritu, palabra de conocimiento; a otros, fe por medio del mismo Espíritu; a otros, y por ese mismo Espíritu, dones para sanar enfermos; a otros, poderes milagrosos; a otros, profecía; a otros, el discernir espíritus; a otros, el hablar en diversas lenguas; y a otros, el interpretar lenguas. Todo esto lo hace un mismo y único Espíritu, quien reparte a cada uno según él lo determina.

1 Corintios 12:4–11

A uno le dio cinco mil monedas de oro, a otro dos mil y a otro sólo mil, a cada uno según su capacidad. Luego se fue de viaje. El que había recibido las cinco mil fue en seguida y negoció con ellas y ganó otras cinco mil. Así mismo, el que recibió dos mil ganó otras dos mil. Pero el que había recibido mil fue, cavó un hoyo en la tierra y escondió el dinero de su señor. Después de mucho tiempo volvió el señor de aquellos siervos y arregló cuentas con ellos. El que había recibido las cinco mil monedas llegó con las otras cinco mil. "Señor —dijo—, usted me encargó

cinco mil monedas. Mire, he ganado otras cinco mil." Su señor le respondió: "¡Hiciste bien, siervo bueno y fiel! En lo poco has sido fiel; te pondré a cargo de mucho más. ¡Ven a compartir la felicidad de tu señor!" Llegó también el que recibió dos mil monedas. "Señor —informó—, usted me encargó dos mil monedas. Mire, he ganado otras dos mil." Su señor le respondió: "¡Hiciste bien, siervo bueno y fiel! Has sido fiel en lo poco; te pondré a cargo de mucho más. ¡Ven a compartir la felicidad de tu señor!"

Después llegó el que había recibido sólo mil monedas. "Señor —explicó—, yo sabía que usted es un hombre duro, que cosecha donde no ha sembrado y recoge donde no ha esparcido. Así que tuve miedo, y fui y escondí su dinero en la tierra. Mire, aquí tiene lo que es suyo." Pero su señor le contestó: "¡Siervo malo y perezoso! ¿Así que sabías que cosecho donde no he sembrado y recojo donde no he esparcido? Pues debías haber depositado mi dinero en el banco, para que a mi regreso lo hubiera recibido con intereses.

"Quítenle las mil monedas y dénselas al que tiene las diez mil. Porque a todo el que tiene, se le dará más, y tendrá en abundancia. Al que no tiene se le quitará hasta lo que tiene."

Mateo 25:15–29

Palabras de Vida Sobre

Los talentos

Recuerda al Señor tu Dios, porque es él quien te da el poder para producir esa riqueza.

Deuteronomio 8:18

Con tus buenas obras, dales tú mismo ejemplo en todo. Cuando enseñes, hazlo con integridad y seriedad, y con un mensaje sano e intachable.

Tito 2:7–8

Que te conceda lo que tu corazón desea; que haga que se cumplan todos tus planes.

Salmo 20:4

Te recomiendo que avives la llama del don de Dios que recibiste.

2 Timoteo 1:6

En la iglesia Dios ha puesto, en primer lugar, apóstoles; en segundo lugar, profetas; en tercer lugar, maestros; luego los que hacen milagros; después los que tienen dones para sanar enfermos, los que ayudan a otros, los que administran y los que hablan en diversas lenguas. ¿Son todos apóstoles? ¿Son todos profetas? ¿Son todos maestros? ¿Hacen todos milagros? ¿Tienen todos dones para sanar enfermos? ¿Hablan todos en lenguas? ¿Acaso interpretan todos? Ustedes, por su parte, ambicionen los mejores dones.

1 Corintios 12:28–31

Los talentos

Toda buena dádiva y todo don perfecto descienden de lo alto, donde está el Padre que creó las lumbreras celestes, y que no cambia como los astros ni se mueve como las sombras.

Santiago 1:17

No les falta ningún don espiritual mientras esperan con ansias que se manifieste nuestro Señor Jesucristo.

1 Corintios 1:7

Cada uno ponga al servicio de los demás el don que haya recibido, administrando fielmente la gracia de Dios en sus diversas formas. El que habla, hágalo como quien expresa las palabras mismas de Dios; el que presta algún servicio, hágalo como quien tiene el poder de Dios. Así Dios será en todo alabado por medio de Jesucristo.

1 Pedro 4:10–11

Esta salvación fue anunciada primeramente por el Señor, y los que la oyeron nos la confirmaron. A la vez, Dios ratificó su testimonio acerca de ella con señales, prodigios, diversos milagros y dones distribuidos por el Espíritu Santo según su voluntad.

Hebreos 2:3–4

Palabras de Vida Sobre
Los talentos

Por eso ustedes, ya que tanto ambicionan dones espirituales, procuren que éstos abunden para la edificación de la iglesia.

1 Corintios 14:12

Cada uno tiene de Dios su propio don: éste posee uno; aquél, otro.

1 Corintios 7:7

Que los creyentes vean en ti un ejemplo a seguir en la manera de hablar, en la conducta, y en amor, fe y pureza. En tanto que llego, dedícate a la lectura pública de las Escrituras, y a enseñar y animar a los hermanos. Ejercita el don que recibiste.

1 Timoteo 4:12–14

Tenemos dones diferentes, según la gracia que se nos ha dado. Si el don de alguien es el de profecía, que lo use en proporción con su fe; si es el de prestar un servicio, que lo preste; si es el de enseñar, que enseñe; si es el de animar a otros, que los anime; si es el de socorrer a los necesitados, que dé con generosidad; si es el de dirigir, que dirija con esmero; si es el de mostrar compasión, que lo haga con alegría.

Romanos 12:6–8

Las herramientas de Dios

Se cuenta la historia de una casa muy necesitada de pintura. «Voy a pintar la casa», decía una lata de pintura que ya estaba mezclada y esperaba en el cobertizo. «No, la pintaré yo», aseveraba la brocha, sacudiendo sus cerdas con impaciencia. «¿Ah, sí?», dijo en tono de burla la escalera que estaba apoyada en la pared. «¿Hasta dónde creen que llegaría cualquiera de los dos sin mi ayuda?». «¿O sin mí, para pagar la cuenta?» acotó con arrogancia la chequera del dueño de casa, con voz apagada por el bolsillo del saco que colgaba de un clavo. En ese momento el pintor, que alcanzó a oír los comentarios arrogantes, se aventuró a hablar. «Quizá debiera tomarme unas vacaciones», dijo suavemente. «Me pregunto si la casa estaría pintada a mi regreso».

Aun los más eficientes solo son herramientas en las manos del Gran Maestro Obrero. A medida que trabajamos con él y para él, obra en nosotros y a través de nosotros. Ningún obrero es más valioso o importante que otro. El que siembra y el que riega tienen unidad de propósito. No hay razón que justifique la rivalidad. Cada uno tiene su tarea, cada uno tiene su lugar. Quizá nos toque la tarea de sembrar... o pudiera ser la de regar. Tal vez haya veces que nos toque sembrar y otras que nos toque regar. Pero sea cual fuere nuestro lugar, estamos trabajando con y para Dios. Entonces será el que haga crecer.

Millie Stamm

Palabras de Vida Sobre

La tentación

En ese tiempo también todos nosotros vivíamos como ellos, impulsados por nuestros deseos pecaminosos, siguiendo nuestra propia voluntad y nuestros propósitos. Como los demás, éramos por naturaleza objeto de la ira de Dios. Pero Dios, que es rico en misericordia, por su gran amor por nosotros, nos dio vida con Cristo, aun cuando estábamos muertos en pecados. ¡Por gracia ustedes han sido salvados!

Efesios 2:3-5

Todos han pecado y están privados de la gloria de Dios.

Romanos 3:23

Pero la Escritura declara que todo el mundo es prisionero del pecado, para que mediante la fe en Jesucristo lo prometido se les conceda a los que creen.

Gálatas 3:22

Si confesamos nuestros pecados, Dios, que es fiel y justo, nos los perdonará y nos limpiará de toda maldad.

1 Juan 1:9

Sus pecados han sido perdonados por el nombre de Cristo.

1 Juan 2:12

PALABRAS DE VIDA SOBRE
LA TENTACIÓN

Todos andábamos perdidos, como ovejas; cada uno seguía su propio camino, pero el SEÑOR hizo recaer sobre él la iniquidad de todos nosotros.

ISAÍAS 53:6

Pero te confesé mi pecado,
y no te oculté mi maldad.
Me dije: «Voy a confesar mis transgresiones al SEÑOR»,
y tú perdonaste mi maldad y mi pecado.

SALMO 32:5

Quien encubre su pecado jamás prospera; quien lo confiesa y lo deja, halla perdón.

PROVERBIOS 28:13

Dios . . . manda a todos, en todas partes, que se arrepientan.

HECHOS 17:30

Dios es fiel, y no permitirá que ustedes sean tentados más allá de lo que puedan aguantar. Más bien, cuando llegue la tentación, él les dará también una salida a fin de que puedan resistir.

1 CORINTIOS 10:13

Estén alerta y oren para que no caigan en tentación. El espíritu está dispuesto, pero el cuerpo es débil.

MATEO 26:41

Palabras de Vida Sobre
La tentación

Perdónanos nuestros pecados, porque también nosotros perdonamos a todos los que nos ofenden. Y no nos metas en tentación.

Lucas 11:4

Porque nuestra lucha no es contra seres humanos, sino contra poderes, contra autoridades, contra potestades que dominan este mundo de tinieblas, contra fuerzas espirituales malignas en las regiones celestiales.

Efesios 6:12

El Señor me librará de todo mal y me preservará para su reino celestial. A él sea la gloria por los siglos de los siglos.

2 Timoteo 4:18

Por haber sufrido él mismo la tentación, puede socorrer a los que son tentados.

Hebreos 2:18

Sabemos que nuestra vieja naturaleza fue crucificada con él para que nuestro cuerpo pecaminoso perdiera su poder, de modo que ya no siguiéramos siendo esclavos del pecado; porque el que muere queda liberado del pecado.

Romanos 6:6-7

La tentación

Porque la paga del pecado es muerte, mientras que la dádiva de Dios es vida eterna en Cristo Jesús, nuestro Señor.

Romanos 6:23

Pues sabemos que Cristo, por haber sido levantado de entre los muertos, ya no puede volver a morir; la muerte ya no tiene dominio sobre él. En cuanto a su muerte, murió al pecado una vez y para siempre; en cuanto a su vida, vive para Dios. De la misma manera, también ustedes considérense muertos al pecado, pero vivos para Dios en Cristo Jesús.

Romanos 6:9-11

Por lo tanto, ya no hay ninguna condenación para los que están unidos a Cristo Jesús, pues por medio de él la ley del Espíritu de vida me ha liberado de la ley del pecado y de la muerte.

Romanos 8:1-2

Si vivimos en la luz, así como él está en la luz, tenemos comunión unos con otros, y la sangre de su Hijo Jesucristo nos limpia de todo pecado.

1 Juan 1:7

No se engañen: de Dios nadie se burla. Cada uno cosecha lo que siembra. El que siembra para agradar a su naturaleza pecaminosa, de esa misma naturaleza cosechará destrucción; el que siembra para agradar al Espíritu, del Espíritu cosechará vida eterna.

Gálatas 6:7-8

Palabras de Vida Sobre
La tentación

Confiésense unos a otros sus pecados, y oren unos por otros, para que sean sanados.

Santiago 5:16

Porque no tenemos un sumo sacerdote incapaz de compadecerse de nuestras debilidades, sino uno que ha sido tentado en todo de la misma manera que nosotros, aunque sin pecado. Así que acerquémonos confiadamente al trono de la gracia para recibir misericordia y hallar la gracia que nos ayude en el momento que más la necesitemos.

Hebreos 4:15–16

Cristo nos libertó para que vivamos en libertad. Por lo tanto, manténganse firmes y no se sometan nuevamente al yugo de esclavitud.

Gálatas 5:1

Todo el que comete pecado quebranta la ley; de hecho, el pecado es transgresión de la ley. Pero ustedes saben que Jesucristo se manifestó para quitar nuestros pecados. Y él no tiene pecado.

1 Juan 3:4–5

Ustedes estaban muertos en sus pecados. Sin embargo, Dios nos dio vida en unión con Cristo, al perdonarnos todos los pecados y anular la deuda que teníamos pendiente por los requisitos de la ley. Él anuló esa deuda que nos era adversa, clavándola en la cruz.

Colosenses 2:13–14

El veneno de la tentación

La elegante colección de lantana, ave de paraíso, y wisteria (la lista sigue) en el terreno de un hospital de la localidad tiene un aspecto engañosamente inocente. ¡Hasta que lees los carteles! Todas las plantas de este «jardín siniestro» llevan una advertencia: «Tóxico: planta entera» o «Tóxico: frutos y semillas».

El mensaje es claro: ¡Prohibido comer! Aun así, el guía dice a los visitantes: «Una cantidad alarmante de personas se burla de las advertencias, diciendo que todo en este lugar es natural y por lo tanto inofensivo. Natural sí, pero sería posible morir de "muerte natural" por probarlas!»

Dejé escapar una exclamación. «Seguramente nadie se atrevería», le susurré a mi amiga Millie mientras conducíamos a los niños de regreso a la escuela después de un paseo de estudio. Millie me miró con expresión misteriosa. «Lo mismo se diría de Adán y Eva», me contestó.

Más vale que lo acepte. Había expresado lo que deseaba creer. Una fresa para adornar el chisme... una hoja de crítica... una semilla de lástima de mí...

Quizá aprendí más que los niños ese día. No es posible pecar un poquito y salirnos con la nuestra, ¿verdad? Nos envenena, y lastima a otros. Supongo que declarar que es «natural» es la maldad más grande de todas. Solo con la ayuda de Dios podemos evitar ese «jardín siniestro».

Elije lo bueno y vive.

June Masters Bacher

Palabras de Vida Sobre

La confianza

En ti confían los que conocen tu nombre, porque tú, Señor, jamás abandonas a los que te buscan.

Salmo 9:10

Los que confían en el Señor son como el monte Sión, que jamás será conmovido, que permanecerá para siempre.

Salmo 125:1

Confíen en el Señor para siempre, porque el Señor es una Roca eterna.

Isaías 26:4

Por eso el Señor los espera, para tenerles piedad; por eso se levanta para mostrarles compasión. Porque el Señor es un Dios de justicia. ¡Dichosos todos los que en él esperan!

Isaías 30:18

Dichoso aquel cuya ayuda es el Dios de Jacob, cuya esperanza está en el Señor su Dios.

Salmo 146:5

Confía en el Señor y haz el bien; establécete en la tierra y manténte fiel.

Salmo 37:3

El que confía en el Señor prospera.

Proverbios 28:25

Palabras de Vida Sobre

La confianza

El que atiende a la palabra, prospera. ¡Dichoso el que confía en el Señor!

Proverbios 16:20

Bendito el hombre que confía en el Señor, y pone su confianza en él. Será como un árbol plantado junto al agua, que extiende sus raíces hacia la corriente; no teme que llegue el calor, y sus hojas están siempre verdes. En época de sequía no se angustia, y nunca deja de dar fruto.

Jeremías 17:7–8

Exclamó Nabucodonosor: «¡Alabado sea el Dios de estos jóvenes, que envió a su ángel y los salvó! Ellos confiaron en él y, desafiando la orden real, optaron por la muerte antes que honrar o adorar a otro dios que no fuera el suyo.»

Daniel 3:28

«Todo el que confíe en él no será jamás defraudado.»

Romanos 10:11

Temer a los hombres resulta una trampa,
pero el que confía en el Señor sale bien librado.

Proverbios 29:25

Palabras de Vida Sobre

La confianza

Cuando cruces las aguas, yo estaré contigo; cuando cruces los ríos, no te cubrirán sus aguas; cuando camines por el fuego, no te quemarás ni te abrasarán las llamas.

Isaías 43:2

Confía en el Señor de todo corazón, y no en tu propia inteligencia.

Proverbios 3:5

Dichoso el que pone su confianza en el Señor y no recurre a los idólatras ni a los que adoran dioses falsos.

Salmo 40:4

Bueno es el Señor; es refugio en el día de la angustia, y protector de los que en él confían.

Nahúm 1:7

Libertad para confiar

Confianza es una palabra muy preciosa en un mundo totalmente indulgente y complicado. Es tranquila. Simple. Representa libertad. Descanso. Soltarse.

Una amiga nuestra que recorrió la dura senda de la esterilidad deseaba otro bebé. Se le presentó una situación ideal: Una joven madre biológica que sentía que la única respuesta para su bebé era la adopción.

Nació una preciosa niña. La pareja adoptiva vino desde otra ciudad para conocer a la madre biológica y para llevarse a su nueva bebita a casa. Esta firmó los papeles, permitiendo que se llevaran al bebé del hospital. Pero, días después, ante el tribunal se desmoronó. No podía renunciar a su bebé.

La celebración de la pareja se convirtió en tristeza. Inmediatamente empezaron a confiar. No intentaron entender todo ni juzgaron a la madre biológica. Esperaron en silencio. Un año después, nacieron unas mellizas y fueron la familia elegida. Perdieron una, y Dios les devolvió dos.

Hay muchas situaciones inciertas en la vida. El trabajo del esposo. Las dificultades de nuestros hijos. La posibilidad de una mudanza. Habladurías a nuestras espaldas. La búsqueda de nuestra identidad. Cuentas que pagar. Padres ancianos que cuidar.

Suéltate por completo. Confía. Vive teniendo todo en tu mano abierta delante de Dios. Jesús promete que él hará que todo se resuelva.

Ann Kiemel Anderson

Palabras de Vida Sobre
La sabiduría

Temer al Señor: ¡eso es sabiduría! Apartarse del mal: ¡eso es discernimiento!

Job 28:28

Yo te instruiré,
yo te mostraré el camino que debes seguir;
yo te daré consejos y velaré por ti.

Salmo 32:8

Yo te guío por el camino de la sabiduría, te dirijo por sendas de rectitud. Cuando camines, no encontrarás obstáculos; cuando corras, no tropezarás.

Proverbios 4:11–12

Adquiere sabiduría, adquiere inteligencia . . . No abandones nunca a la sabiduría, y ella te protegerá; ámala, y ella te cuidará. La sabiduría es lo primero. ¡Adquiere sabiduría! Por sobre todas las cosas, adquiere discernimiento.

Proverbios 4:5–7

Ya sea que te desvíes a la derecha o a la izquierda, tus oídos percibirán a tus espaldas una voz que te dirá: «Éste es el camino; síguelo.»

Isaías 30:21

La sabiduría

La sabiduría que desciende del cielo es ante todo pura, y además pacífica, bondadosa, dócil, llena de compasión y de buenos frutos, imparcial y sincera.

Santiago 3:17

Hijo mío, si haces tuyas mis palabras y atesoras mis mandamientos; si tu oído inclinas hacia la sabiduría y de corazón te entregas a la inteligencia; si llamas a la inteligencia y pides discernimiento; si la buscas como a la plata, como a un tesoro escondido, entonces comprenderás el temor del Señor y hallarás el conocimiento de Dios. Porque el Señor da la sabiduría; conocimiento y ciencia brotan de sus labios.

Proverbios 2:1–6

¿De dónde, pues, viene la sabiduría? ¿Dónde habita la inteligencia? Se esconde de los ojos de toda criatura; ¡hasta de las aves del cielo se oculta! . . . Sólo Dios sabe llegar hasta ella; sólo él sabe dónde habita.

Job 28:20–21,23

La locura de Dios es más sabia que la sabiduría humana, y la debilidad de Dios es más fuerte que la fuerza humana.

1 Corintios 1:25

Palabras de Vida Sobre

La sabiduría

Pon atención a mi sabiduría y presta oído a mi buen juicio, para que al hablar mantengas la discreción y retengas el conocimiento.

Proverbios 5:1–2

El que me obedezca vivirá tranquilo, sosegado y sin temor del mal.

Proverbios 1:33

Si a alguno de ustedes le falta sabiduría, pídasela a Dios, y él se la dará, pues Dios da a todos generosamente sin menospreciar a nadie.

Santiago 1:5

Enséñanos a contar bien nuestros días,
para que nuestro corazón adquiera sabiduría.

Salmo 90:12

El principio de la sabiduría es el temor del Señor;
buen juicio demuestran quienes cumplen sus preceptos.
¡Su alabanza permanece para siempre!

Salmo 111:10

[La sabiduría] no se compra con el oro más fino, ni su precio se calcula en plata.

Job 28:15

Sabiduría en aumento

La sabiduría viene cuando examinamos las experiencias que Dios nos da y discernimos lo que aprendimos (o debiéramos aprender) a partir de ellas. Nada de lo que nos ha sucedido debiera desperdiciarse (Romanos 8:28). Debido a que a veces es doloroso, con frecuencia no nos tomamos el tiempo necesario ni nos esforzamos por descubrir por qué razón recibimos el «regalo» de nuestras experiencias personales. Cuando no aprendemos como debemos, dejamos de crecer hasta que aprendamos la misma lección a través de otra experiencia hecha por Dios para hacernos madurar (Santiago 1:2-4). Lo más frecuente es que desarrollemos entendimiento de nuestras experiencias después de orar con sinceridad y perseverancia. El Salmo 43 es un modelo maravilloso de oración perseverante; nos presenta una persona que busca saber lo que Dios le quiere revelar sobre una experiencia específica.

Tal vez debiéramos tratar de detallar por escrito lo que hemos aprendido sobre Dios, nuestra persona y la vida durante una experiencia importante. A medida que aprendamos estas lecciones creo que descubriremos que no nos será necesario volver a aprenderlas exactamente de la misma manera. Esto incrementa nuestra capacidad individual de aprender lecciones aun mayores y lograr una sabiduría más profunda (Mateo 13:12).

Rosemary Jensen

Palabras de Vida Sobre
Las palabras

Como naranjas de oro con incrustaciones de plata son las palabras dichas a tiempo.

Proverbios 25:11

Es muy grato dar la respuesta adecuada, y más grato aún cuando es oportuna.

Proverbios 15:23

El Señor omnipotente me ha concedido tener una lengua instruida, para sostener con mi palabra al fatigado. Todas las mañanas me despierta, y también me despierta el oído, para que escuche como los discípulos.

Isaías 50:4

De la abundancia del corazón habla la boca.

Mateo 12:34

Tampoco debe haber palabras indecentes, conversaciones necias ni chistes groseros, todo lo cual está fuera de lugar; haya más bien acción de gracias.

Efesios 5:4

Que su conversación sea siempre amena y de buen gusto. Así sabrán cómo responder a cada uno.

Colosenses 4:6

Palabras de Vida Sobre
Las palabras

Eviten toda conversación obscena. Por el contrario, que sus palabras contribuyan a la necesaria edificación y sean de bendición para quienes escuchan.

EFESIOS 4:29

Una respuesta sincera es como un beso en los labios.

PROVERBIOS 24:26

Háganlo todo sin quejas ni contiendas.

FILIPENSES 2:14

El que quiera amar la vida y gozar de días felices, que refrene su lengua de hablar el mal y sus labios de proferir engaños; que se aparte del mal y haga el bien; que busque la paz y la siga.

SALMO 34:12–14

El que refrena su lengua protege su vida, pero el ligero de labios provoca su ruina.

PROVERBIOS 13:3

Si alguien se cree religioso pero no le pone freno a su lengua, se engaña a sí mismo, y su religión no sirve para nada.

SANTIAGO 1:26

Palabras de Vida Sobre

Las palabras

El que quiera amar la vida y gozar de días felices, que refrene su lengua de hablar el mal y sus labios de proferir engaños.

1 Pedro 3:10

Plata refinada es la lengua del justo; el corazón del malvado no vale nada.

Proverbios 10:20

Al vivir la verdad con amor, creceremos hasta ser en todo como aquel que es la cabeza, es decir, Cristo.

Efesios 4:15

El charlatán hiere con la lengua como con una espada, pero la lengua del sabio brinda alivio.

Proverbios 12:18

La boca del justo imparte sabiduría, y su lengua emite justicia.

Salmo 37:30

Que rebosen mis labios de alabanza,
porque tú me enseñas tus decretos.
Que entone mi lengua un cántico a tu palabra,
pues todos tus mandamientos son justos.

Salmo 119:171–172

Palabras de Vida Sobre

Las palabras

La gente chismosa revela los secretos.

Proverbios 11:13

Más vale comer pan duro donde hay concordia
que hacer banquete donde hay discordia.

Proverbios 17:1

Los labios sinceros permanecen para siempre,
pero la lengua mentirosa dura sólo un instante.

Proverbios 12:19

Sin leña se apaga el fuego; sin chismes se acaba el pleito.

Proverbios 26:20

Sean, pues, aceptables ante ti
mis palabras y mis pensamientos,
oh Señor, roca mía y redentor mío.

Salmo 19:14

Evita las palabrerías profanas, porque los que se dan a ellas se alejan cada vez más de la vida piadosa.

2 Timoteo 2:16

Señor, ponme en la boca un centinela;
un guardia a la puerta de mis labios.

Salmo 141:3

Palabras de Vida Sobre

Las palabras

Queridos hijos, no amemos de palabra ni de labios para afuera, sino con hechos y de verdad.

1 Juan 3:18

Con la lengua bendecimos a nuestro Señor y Padre, y con ella maldecimos a las personas, creadas a imagen de Dios. De una misma boca salen bendición y maldición. Hermanos míos, esto no debe ser así. ¿Puede acaso brotar de una misma fuente agua dulce y agua salada? Hermanos míos, ¿acaso puede dar aceitunas una higuera o higos una vid? Pues tampoco una fuente de agua salada puede dar agua dulce.

Santiago 3:9–12

Un problema de la mente y la lengua

Uno de mis pequeños hijos subía por la escalera con paso cansino. Cuando llegó arriba le pregunté lo que le sucedía.

—Solo estaba orando.

Sintiendo curiosidad, le pregunté por qué cosa oraba.

—No puedo decírtelo —insistió— porque si te lo digo te vas a enojar.

Luego de insistir bastante lo convencí de que podía confiar en mí. Así que me explicó que oraba por un problema que tenía con la mente.

—¿Un problema con la mente? —le pregunté, ahora más curiosa que nunca acerca del problema que pudiera tener un niño de seis años con la mente.

—Bueno —dijo—. Verás, cada vez que paso por la sala (donde su hermana tomaba una lección), veo a mi maestra de piano y se me sale la lengua para fuera.

Demás está decir que resultó difícil mantener la compostura, pero tomé su problema con seriedad y le aseguré que Dios ciertamente podía ayudarle con eso.

Más tarde, mientras le daba un baño a este pequeño, pensé cómo sigo luchando con el problema de controlar mi mente y mi lengua. Incliné la cabeza y le pedí al Señor que me perdonara y me diera la mente, el corazón y la actitud de Cristo.

Gigi Graham Tchividjian

Palabras de Vida Sobre
El trabajo

Las manos hábiles atraen riquezas.

Proverbios 10:4

Trabajen durante seis días, pero el séptimo día, el sábado, será para ustedes un día de reposo consagrado al Señor.

Éxodo 35:2

Trabaja seis días, y haz en ellos todo lo que tengas que hacer, pero observa el séptimo día como día de reposo para honrar al Señor tu Dios. No hagas en ese día ningún trabajo, ni tampoco tu hijo, ni tu hija, ni tu esclavo, ni tu esclava, ni tu buey, ni tu burro, ni ninguno de tus animales, ni tampoco los extranjeros que vivan en tus ciudades. De ese modo podrán descansar tu esclavo y tu esclava, lo mismo que tú.

Deuteronomio 5:13–14

El perezoso ambiciona, y nada consigue; el diligente ve cumplidos sus deseos.

Proverbios 13:4

Siembra tu semilla en la mañana, y no te des reposo por la tarde, pues nunca sabes cuál siembra saldrá mejor, si ésta o aquélla, o si ambas serán igual de buenas.

Eclesiastés 11:6

El trabajo

Les animamos a amarse aún más, a procurar vivir en paz con todos, a ocuparse de sus propias responsabilidades y a trabajar con sus propias manos. Así les he mandado, para que por su modo de vivir se ganen el respeto de los que no son creyentes, y no tengan que depender de nadie.

1 Tesalonicenses 4:10–12

El dinero mal habido pronto se acaba; quien ahorra, poco a poco se enriquece.

Proverbios 13:11

Todo esfuerzo tiene su recompensa, pero quedarse sólo en palabras lleva a la pobreza.

Proverbios 14:23

No te aproveches del empleado pobre y necesitado, sea éste un compatriota israelita o un extranjero. Le pagarás su jornal cada día, antes de la puesta del sol, porque es pobre y cuenta sólo con ese dinero. De lo contrario, él clamará al Señor contra ti y tú resultarás convicto de pecado.

Deuteronomio 24:14–15

Al que trabaja, el hambre lo obliga a trabajar, pues su propio apetito lo estimula.

Proverbios 16:26

El trabajo

Mujer ejemplar, ¿dónde se hallará?
¡Es más valiosa que las piedras preciosas!
Su esposo confía plenamente en ella
y no necesita de ganancias mal habidas.
Ella le es fuente de bien, no de mal,
todos los días de su vida.
Anda en busca de lana y de lino,
y gustosa trabaja con sus manos.
Es como los barcos mercantes,
que traen de muy lejos su alimento.
Se levanta de madrugada,
da de comer a su familia
y asigna tareas a sus criadas.
Calcula el valor de un campo y lo compra;
con sus ganancias planta un viñedo.
Decidida se ciñe la cintura
y se apresta para el trabajo.
Se complace en la prosperidad de sus negocios,
y no se apaga su lámpara en la noche.
Con una mano sostiene el huso
y con la otra tuerce el hilo.
Tiende la mano al pobre,
y con ella sostiene al necesitado.
Si nieva, no tiene que preocuparse de su familia,
pues todos están bien abrigados.
Las colchas las cose ella misma,
y se viste de púrpura y lino fino.
Su esposo es respetado en la comunidad;

ocupa un puesto entre las autoridades del lugar.
Confecciona ropa de lino y la vende;
provee cinturones a los comerciantes.
Se reviste de fuerza y dignidad,
y afronta segura el porvenir.
Cuando habla, lo hace con sabiduría;
cuando instruye, lo hace con amor.
Está atenta a la marcha de su hogar,
y el pan que come no es fruto del ocio.
Sus hijos se levantan y la felicitan;
también su esposo la alaba:
«Muchas mujeres han realizado proezas,
pero tú las superas a todas.»

PROVERBIOS 31:10–29

SEÑOR, yo sé que el hombre no es dueño de su destino, que no le es dado al caminante dirigir sus propios pasos.

JEREMÍAS 10:23

No te des al sueño, o te quedarás pobre; manténte despierto y tendrás pan de sobra.

PROVERBIOS 20:13

Los planes bien pensados: ¡pura ganancia! Los planes apresurados: ¡puro fracaso!

PROVERBIOS 21:5

Palabras de Vida Sobre

El trabajo

No le negué a mis ojos ningún deseo, ni a mi corazón privé de placer alguno, sino que disfrutó de todos mis afanes. ¡Sólo eso saqué de tanto afanarme!

Eclesiastés 2:10

Jesús dijo: «¡Hiciste bien, siervo bueno y fiel! En lo poco has sido fiel; te pondré a cargo de mucho más. ¡Ven a compartir la felicidad de tu señor!»

Mateo 25:21

Porque Dios no es injusto como para olvidarse de las obras y del amor que, para su gloria, ustedes han mostrado sirviendo a los santos, como lo siguen haciendo.

Hebreos 6:10

Les pedimos que sean considerados con los que trabajan arduamente entre ustedes, y los guían y amonestan en el Señor. Ténganlos en alta estima, y ámenlos por el trabajo que hacen.

1 Tesalonicenses 5:12–13

Planes para mi carrera

Tenía una sensación cada vez mayor de que debía hacer algo nuevo. Cada día parecía crecer más mi agitación al preguntarme qué era lo que quería hacer. Al fin, mi marido me preguntó si le había preguntado a Dios lo que debía hacer.

Empecé a buscar al Señor de todo corazón, preguntándole lo que tenía pensado para mi vida. Rápidamente encontré paz cuando busqué el plan del Señor para mi vida. En vez de pedir un trabajo específico, le pedí a Dios que me ubicara en un lugar en el que encajara y donde se me necesitara.

Acabo de terminar mi cuarto año en una escuela pública de nivel secundario. Mi trabajo me produce satisfacción. No hay duda de que estoy donde debo estar y hago lo que él quiere que haga. Oro por mis cien adolescentes a diario, y pido gracia para ser un modelo de actitud de amor e interés por los demás. Me da gusto que a veces hasta puedo hablar un poco de mi fe. En ocasiones les digo a mis estudiantes cuánto entiendo su posición en la vida, ya que yo tampoco estoy segura de lo que quiero ser. En este momento mi única meta profesional es realizar los planes que tiene Dios para mí, y buscarle de todo corazón. ¿Cuál es la tuya?

Sue Richards

La preocupación

Encomienda al Señor tus afanes,
y él te sostendrá;
no permitirá que el justo caiga y quede
abatido para siempre.

Salmo 55:22

Encomienda al Señor tu camino;
confía en él, y él actuará.
Hará que tu justicia resplandezca como el
alba;
tu justa causa, como el sol de mediodía.

Salmo 37:5–6

Pon en manos del Señor todas tus obras, y tus proyectos se cumplirán.

Proverbios 16:3

No se inquieten por nada; más bien, en toda ocasión, con oración y ruego, presenten sus peticiones a Dios y denle gracias. Y la paz de Dios, que sobrepasa todo entendimiento, cuidará sus corazones y sus pensamientos en Cristo Jesús.

Filipenses 4:6–7

Manténganse libres del amor al dinero, y conténtense con lo que tienen, porque Dios ha dicho: «Nunca te dejaré; jamás te abandonaré.»

Hebreos 13:5

La preocupación

Fíjense en las aves del cielo: no siembran ni cosechan ni almacenan en graneros; sin embargo, el Padre celestial las alimenta. ¿No valen ustedes mucho más que ellas? ¿Quién de ustedes, por mucho que se preocupe, puede añadir una sola hora al curso de su vida? ¿Y por qué se preocupan por la ropa? Observen cómo crecen los lirios del campo. No trabajan ni hilan; sin embargo, les digo que ni siquiera Salomón, con todo su esplendor, se vestía como uno de ellos. Si así viste Dios a la hierba que hoy está en el campo y mañana es arrojada al horno, ¿no hará mucho más por ustedes, gente de poca fe.

MATEO 6:26–30

Depositen en él toda ansiedad, porque él cuida de ustedes.

1 PEDRO 5:7

Luego dijo Jesús a sus discípulos:
—Por eso les digo: No se preocupen por su vida, qué comerán; ni por su cuerpo, con qué se vestirán. La vida tiene más valor que la comida, y el cuerpo más que la ropa.

LUCAS 12:22–23

No se angustien por el mañana, el cual tendrá sus propios afanes. Cada día tiene ya sus problemas.

MATEO 6:34

Palabras de Vida Sobre

La preocupación

No tengan miedo, mi rebaño pequeño, porque es la buena voluntad del Padre darles el reino.

Lucas 12:32

El Señor mismo marchará al frente de ti y estará contigo; nunca te dejará ni te abandonará. No temas ni te desanimes.

Deuteronomio 31:8

Durante todos los días de tu vida, nadie será capaz de enfrentarse a ti. Así como estuve con Moisés, también estaré contigo; no te dejaré ni te abandonaré.

Josué 1:5

El temor del Señor es un baluarte seguro.

Proverbios 14:26

Ya te lo he ordenado: ¡Sé fuerte y valiente! ¡No tengas miedo ni te desanimes! Porque el Señor tu Dios te acompañará dondequiera que vayas.

Josué 1:9

Así que podemos decir con toda confianza: «El Señor es quien me ayuda; no temeré. ¿Qué me puede hacer un simple mortal?»

Hebreos 13:6

Palabras de Vida Sobre

La preocupación

El Señor fortalece a su pueblo; el Señor bendice a su pueblo con la paz.

Salmo 29:11

Al acostarte, no tendrás temor alguno; te acostarás y dormirás tranquilo.

Proverbios 3:24

Me guías con tu consejo, y más tarde me acogerás en gloria.

Salmo 73:26

Los que confían en el Señor son como el monte Sión, que jamás será conmovido, que permanecerá para siempre.

Salmo 125:1

Dios no nos ha dado un espíritu de timidez, sino de poder, de amor y de dominio propio.

2 Timoteo 1:7

No tengas miedo —respondió Eliseo—. Los que están con nosotros son más que ellos.

2 Reyes 6:16

PALABRAS DE VIDA SOBRE

LA PREOCUPACIÓN

El SEÑOR estará con ustedes, siempre y cuando ustedes estén con él. Si lo buscan, él dejará que ustedes lo hallen; pero si lo abandonan, él los abandonará.

2 CRÓNICAS 15:2

Dios es el que nos mantiene firmes en Cristo, tanto a nosotros como a ustedes. Él nos ungió, nos selló como propiedad suya y puso su Espíritu en nuestro corazón, como garantía de sus promesas.

2 CORINTIOS 1:21–22

Bendito el hombre que confía en el Señor, y pone su confianza en él. Será como un árbol plantado junto al agua, que extiende sus raíces hacia la corriente; no teme que llegue el calor, y sus hojas están siempre verdes. En época de sequía no se angustia, y nunca deja de dar fruto.

JEREMÍAS 17:7–8

Los que aman tu ley disfrutan de gran
bienestar,
y nada los hace tropezar.

SALMO 119:165

En el día de mi angustia te invoco,
porque tú me respondes.

SALMO 86:7

Tomar y dejar las cargas

Conocí una mujer cristiana que tenía una pesada carga temporal... Un día, cuando dicha carga resultaba particularmente pesada, notó que sobre la mesa, cerca de ella, había un pequeño tratado. Lo levantó y comenzó a leerlo, sin sospechar siquiera que le iba a crear una revolución en toda su experiencia.

La historia era de una mujer pobre que se mantuvo triunfante a lo largo de una vida llena de inusitada tristeza. En cierta ocasión, estaba relatando la historia de su vida a un amable huésped y al terminar, el huésped le dijo con sentimiento:

—¡No entiendo cómo pudiste soportar tanta tristeza!
—Yo no la soporté —respondió con rapidez— el Señor la soportó por mí.
—Sí —dijo el huésped— así debe ser. Debemos entregar nuestros problemas al Señor.
La mujer pobre contestó:
—Debemos hacer más que eso: debemos dejarlos allí. La mayoría de las personas le entrega sus cargas a él, pero vuelven a llevárselas cuando se van, y siguen tan preocupados y tristes como siempre. Pero yo le llevo los míos, se los dejo a él, y me alejo y los olvido. Lo hago una y otra vez, hasta que al final olvido que tengo preocupaciones.

Hannah Whitall Smith

Reconocimientos Fuentes:

The African-American Devotional Bible: New International Version. [Biblia Devocional Afroamericana: Nueva Versión Internacional]. Copyright © 1997 Zondervan Corporation. Todos los derechos reservados. Pensamientos devocionales de la Rvda. Dra. Cheryl Clemetson, Rvda. Rosalyn Grant Frederick, Rvda. Dra. Delores Carpenter, and Rvda. Dra. Alicia D. Byrd.

Diamonds in the Dust [Diamantes en el polvo], por Joni Eareckson Tada. Copyright © 1993 por Joni Eareckson Tada. Zondervan Publishing House, Grand Rapids, MI, 1993. Todos los derechos reservados.

Meditation Moments [Momentos de meditación], por Millie Stamm. Publicado anteriormente bajo el título *Meditation Moments for Women* [Momentos de Meditación para mujeres] Copyright © 1967 Zondervan Publishing House, Grand Rapids, MI, 1967. Todos los derechos reservados.

A Rose by any Other Name Would Still Have Aphids [Una rosa, a pesar del nombre, tendría áfidos], por Mab Graff Hoover. Copyright © 1992 por Mab Graff Hoover. Todos los derechos reservados.

Seniors' Devotional Bible: New International Version [Biblia devocional para personas mayores]. Copyright © 1995 Zondervan Corporation. Todos los derechos reservados. Pensamientos devocionales de Jill Briscoe, Kathryn Hillen, Carole Mayhall, Elisabeth Elliot, Hannah Whitall Smith, and Jean Shaw.

Women's Devotional Bible: New International Version [Biblia devocional para la mujer: Nueva Versión Internacional]. Copyright © 1990 Zondervan Corporation. Todos los derechos reservados. Pensamientos devocionales de Gien Karssen, Mary Jane Worden, Florence Littauer, Mab Graff Hoover, Jean E. Syswerda, Jeanette Lockerbie, Alma Barkman, Debbie Smith, Marjorie Holmes, June Masters Bacher, Gini Andrews, Sue Richards, Sra. Charles E. Cowman, Rosemary Jensen, Karen Burton Mains, Rebecca Manley Pippert, Gigi Graham Tchividjian, Carol L. Baldwin, Doris Haase.